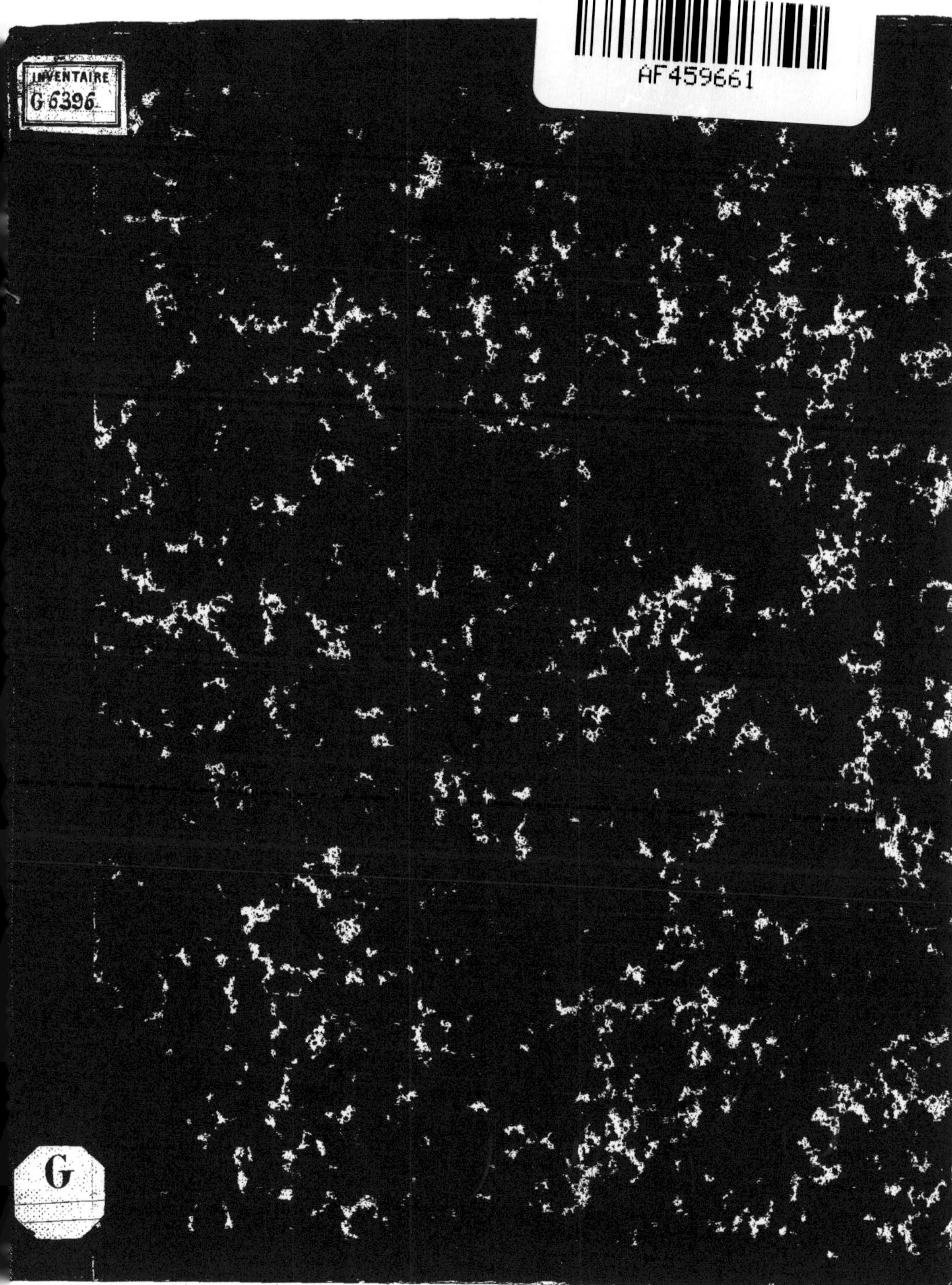

GRANDES
CONSTRUCTIONS
DE QUELQUES ANCIENS PEUPLES.

INTRODUCTION.

La puissance physique des hommes en société s'est manifestée chez plusieurs peuples par de grandes constructions.

Je me suis proposé ici d'en examiner quelques-unes des plus remarquables par la grandeur de leurs dimensions et par les masses que l'homme a dû remuer pour les ériger; je ne m'en occuperai pas sous le rapport de la richesse des matériaux, ni sous celui de l'élégance des formes architectoniques, point sur lequel aucun peuple ne s'accorde avec un autre, comme le démontrent tous les monuments anciens et modernes.

En cherchant ce qu'il peut y avoir de commun dans l'effet qu'on voulait produire de l'aspect de ces monuments, on trouve qu'en général c'était de frapper l'imagination par de grandes dimensions; c'est pourquoi j'ai pris pour unité de comparaison le mètre cube des masses, tous matériaux confondus.

Une autre unité de comparaison se présentait à l'esprit, c'était la force développée dans un jour par l'homme, laquelle peut être supposée à peu près la même dans tous les pays et dans tous les temps. Cependant une difficulté arrêtait, c'était de savoir le nombre de journées qu'avaient pu exiger des constructions semblables chez des nations pourvues d'outils différents et aidées de bêtes de somme de diverses espèces.

Quant aux nombres de journées signalés pour les constructions entières, les historiens le font en termes si vagues, si généraux, qu'ils inspirent peu de confiance; ils sont d'ailleurs souvent incomplets.

Je me suis donc borné au volume de chaque construction, laissant à d'autres d'en conclure une comparaison mieux établie.

PYRAMIDES MEXICAINES.

Parmi les grandes constructions du Mexique, il y a celles de Palanque et de Mirtha, mais elles se distinguent par une maçonnerie très-soignée de formes architecturales; elles n'entrent pas dans le but de mes recherches, qui ne portent pas sur le fini et la richesse des matériaux et l'élégance des formes, mais sur la grandeur des masses remuées par l'homme; je ne parlerai donc que de certains travaux de terrassement mexicains dont on a des restes considérables.

Il y a au Mexique les Téocallis (maisons de Dieu). Ce sont de grandes pyramides carrées à plusieurs étages, en retraite les uns sur les autres, et dont les faces sont dirigées vers les quatre points cardinaux comme celles des pyramides d'Égypte (1).

Les Téocallis sont des massifs en terre et gravier avec revêtements en briques.

La plus grande de ces pyramides est celle de Chulula, à quelques lieues de Mexico. Elle a 439 mètres à la base (2), environ 63 mètres au sommet et 54 mètres de hauteur totale. Les quatre assises qui la composent sont d'une hauteur égale et en retraite d'environ 36 mètres les unes sur les autres. Elles sont terminées par des talus de 20 mètres de base.

J'ai calculé que son volume était de 4,256,000 mètres cubes, dont à peu près la moitié en briques. Si l'on sait que la roue était inconnue en Amérique quand les Espagnols y arrivèrent, on peut juger du travail qu'a exigé le transport de la terre à dos d'hommes. Une tradition existait à l'arrivée de Cortez, laquelle disait que la brique avait été passée de main en main par une grande quantité d'habitants, sur plusieurs lieues, depuis les fours où elle avait été cuite jusqu'à la pyramide.

---

(1) *Monuments des peuples de l'Amérique*, de Humboldt, t. Ier, page 96. Paris, chez Maze. Imprimerie Smith, 1816.
(2) *Idem.*, pages 105 et 106.

Deux autres pyramides semblables, mais plus petites, se trouvent près de Téoti-Huacan ; elles sont très-dégradées; les restes de la plus grande ont 208 mètres à la base et 55 mètres de hauteur; l'autre, qui est plus petite à la base et n'a que 44 mètres de hauteur, présente encore une masse de 1,011,000 mètres cubes (1).

Ces deux dernières pyramides sont entourées de plusieurs centaines de petites pyramides semblables n'ayant que 8 à 10 mètres de hauteur, orientées comme les grandes, et disposées en rues très-larges suivant la direction des méridiens et des parallèles.

D'après ce qui reste du volume de la plus petite des pyramides de Téoti-Huacan et de celui de celle de Chulula, on peut admettre, en négligeant les très-petites, que les trois plus grandes du Mexique ont une masse de huit millions de mètres cubes accumulés à bras d'hommes.

Ces Téocallis étaient situés dans de vastes plaines pouvant contenir une grande multitude qui voyait les sacrifices humains que les prêtres exécutaient au sommet des pyramides sur lequel s'élevaient les statues des dieux de ce culte barbare et sanguinaire.

---

(1) *Essai politique sur la Nouvelle Espagne*, 2e édition in-8°, t. II, pages 66 et 67. Paris, 1827.

ROUTE DE L'INCA.

Les Péruviens ont construit, de Cuzco à la province de Quito, deux routes appelées *Routes de l'Inca*. Elles avaient 500 lieues chacune de longueur (1); l'une est sur le bord de la mer et avait 40 pieds de largeur, souvent élevée sur des remblais ayant ordinairement 4,000 mètres de longueur. L'autre route, la seule dont je vais parler, est placée dans les montagnes des Cordillères qu'elle suit toujours; pour cela il a fallu briser des rochers et combler des vallées et des précipices qui ont de 30 à 40 mètres de profondeur (2).

Humboldt et Bonpland l'ont vue dans les hautes plaines de l'Assay, à une altitude qui dépasse celle du pic de Ténériffe. Humboldt dit qu'elle est bordée de grosses pierres de taille de porphyre, tirées des carrières de Pullal et parfaitement alignées dans la même direction sur 6 à 8 kilomètres; il en a observé la continuation près de Caxamarca, à 120 lieues (600 kilomètres) au sud de l'Assay (3).

Je cite le texte même de Humboldt, parce que Robertson, dans son *Histoire de l'Amérique*, a beaucoup dénigré les routes du Pérou. Il dit qu'elles n'ont que 15 pieds de largeur et sont faites avec peu de solidité; que dans les montagnes, pour conserver la route, on l'avait bordée des deux côtés d'un banc de gazon (4).

Humboldt, d'accord avec d'autres voyageurs français et historiens espagnols, contredit formellement Robertson, en ajoutant que la route de l'Inca dans les Cordillères peut être

---

(1) *Antiquités mexicaines*, relation du capitaine Dupleix, t. II. — *Recherches sur les antiquités de l'Amérique du Nord et du Sud*, par M. Warden, pages 75 et 76.

(2) *Idem*, page 76.

(3) *Monuments des peuples indigènes de l'Amérique*, t. I, pages 291 et 313. Paris, vers 1816, chez Maze.

(4) *Histoire de l'Amérique*, t. IV, page 81. — Traduction de l'anglais. Paris, 1788, chez Panckoucke.

comparée aux plus belles routes des Romains qu'il ait vues en Italie, en France et en Espagne; malheureusement il n'a pas donné les dimensions détaillées.

On conçoit très-bien que les anciens Péruviens n'ayant ni l'éléphant, ni le cheval, ni le bœuf, ne connaissant pas la roue, invention si simple mais si admirable, n'avaient pas besoin de routes bien larges ni bien solides; tous les transports se faisaient sur le dos du lama, animal de la grandeur de la chèvre, et à dos d'homme. L'Inca lui-même voyageait sur un brancard porté sur les épaules de ses sujets.

Ainsi, quoique la route de l'Inca sur le bord de la mer eût 40 pieds de largeur, on peut croire qu'attendu les grandes difficultés qu'on devait rencontrer dans les montagnes, la largeur susdite de 40 pieds avait été réduite pour la route qui était dans les Cordillères; mais comme ces deux routes étaient bordées de murailles en maçonnerie, de fossés et d'arbrisseaux, on ne peut pas donner à ces murs moins de $2^m,50$ de hauteur réduite y compris les fondations, et une épaisseur moyenne de $0^m,80$, ce qui donne pour les deux murs 4 mètres cubes de maçonnerie par mètre courant de route.

La longueur étant de 500 lieues (de 25 au degré), c'est une longueur de 2,222,000 mètres et un volume total de maçonnerie exécutée principalement en pierres de taille, de 8,888,000 mètres cubes.

Si l'on croyait trop fortes les dimensions que je suppose en moyenne à la hauteur et à l'épaisseur des murs bordant et contenant la route, il faut bien se représenter qu'ayant des alignements d'une longueur considérable, puisque Humboldt et Bonpland en ont vu un de 7 kilomètres dont ils ont observé la continuation 120 lieues plus loin, cette route ne se pliant pas aux formes abruptes des montagnes, devait avoir des tranchées et des remblais de profondeur et de hauteur considérables; l'extraction des roches dans les déblais demandait au moins autant de travail que les murs qui en tiennent la place dans mon appréciation, et quant aux murs de soutènement le long des précipices et pour contenir les remblais, il est manifeste qu'ils excédaient de beaucoup les 4 mètres cubes de maçonnerie que je suppose par mètre courant de route. Je crois donc que les 8,888,000 mètres cubes de maçonnerie auxquels conduisent mes hypothèses et mes calculs sont plutôt au-dessous qu'au-dessus de ce qui existait réellement.

Si je ne dis rien des grands ponts nécessaires pour parcourir cette route, c'est que les Péruviens, ignorant l'art de faire des voûtes et des charpentes, ne pouvaient faire ni ponts en pierre ni ponts en bois. Mais ils avaient inventé les ponts suspendus qu'ils faisaient en cordages de bois flexible comme l'osier. Les Espagnols trouvèrent ces ponts établis au Pérou et au Mexique; quelques-uns étaient assez solides pour que plusieurs cavaliers espagnols pussent y passer à la fois et au galop (1).

Le seul exemple d'une voûte en pierre qu'on ait trouvé dans les deux Amériques, est celui d'une petite voûte en ogive supportant le massif d'un ponceau servant au passage d'une route. Cette ogive est formée de deux voussoirs courbes à l'intrados et à l'extrados, appuyés l'un sur l'autre, sans clef, par un joint vertical. Les naissances laissent entre elles un intervalle de $2^{m},70$, et la hauteur sous la voûte est d'environ $0^{m},70$ pour le passage du ruisseau, à l'étiage.

Les Péruviens avaient des arbres magnifiques propres à faire de superbes charpentes, mais ne s'en servaient qu'à faire de grosses poutres qu'on a retrouvées dans les planchers recouvrant des parties de quelques temples en ruines. Ils ne manquaient cependant pas d'outils pour tailler la pierre ou couper le bois; ils employaient des instruments tranchants en jade ou en cuivre, ils savaient donner à ce métal la dureté de l'acier.

On n'a trouvé chez eux, lors de la conquête, aucun indice de machine, et cependant ils remuaient, transportaient, élevaient et mettaient en place les unes sur les autres des pierres d'un poids de 200,000 et 300,000 kilogrammes. Et ce qui est d'autant plus surprenant que ne connaissant pas la roue, ils manquaient de voitures et qu'ils n'avaient aucune bête de somme ou de trait.

Si l'on fait attention que c'est avec des moyens si bornés qu'ils ont exécuté la route de l'Inca dans les Cordillères, qui a exigé l'énorme quantité de 8,888,000 mètres cubes de maçonnerie, la plus grande partie en grosses pierres de taille, en granit ou en porphyre, on reconnaîtra que c'est une des plus grandes constructions que les hommes aient faites, plus grande peut-être qu'aucune de celles des Chinois, des Égyptiens, des Indiens, des Romains, qui pouvaient employer les éléphants, les chevaux, les chameaux et les bœufs.

Si l'on réfléchit en outre que la route de l'Inca, selon quelques historiens adoptant la tradition, aurait été exécutée pendant une campagne militaire de l'Inca, on peut dire que c'est une entreprise prodigieuse qui ne peut être due qu'à une population immense et active, douée d'une volonté aussi prompte qu'énergique, dont les peuples modernes n'ont pas encore donné d'exemple.

Le jugement que je porte sur les qualités morales de l'ancien peuple péruvien n'est pas conforme à ce qu'en ont dit plusieurs écrivains, notamment Robertson; mais je crois que son

---

(1) *Antiquités des deux Amériques*, par Warden, t. II des *Antiquités mexicaines*, 2e partie, page 76.

opinion aurait été moins éloignée de la mienne s'il avait mieux connu la grande puissance de construction des Péruviens.

J'ajouterai ici, peut-être en dehors de mon sujet, quelques mots sur la nation péruvienne, qui appuieront l'éloge que j'en ai fait.

Robertson reconnaît que l'agriculture était plus étendue et exercée avec plus d'habileté au Pérou, lorsque les Espagnols y arrivèrent, qu'en aucune autre partie de l'Amérique (*Histoire de l'Amérique*, t. IV, page 75), mais il n'a pas assez fait ressortir cette supériorité.

Le Pérou, contenu entre les Cordillères et la mer, n'avait de terrain propre à la culture des céréales qu'une plaine étroite adjacente au littoral et formée surtout de sable. Ces sables, apportés par les rivières torrentielles descendant des hautes montagnes, et accumulés depuis l'origine des siècles, étaient sans limon, brûlés par un soleil ardent et sans pluies. Les Péruviens comme les Égyptiens imaginèrent de conduire l'eau des torrents limoneux, quand il y en avait, lors des crues, par des canaux d'irrigation, sur leurs terrains arides ; ils en opéraient ainsi l'arrosage et le colmatage. De plus ils y répandaient la fiente des oiseaux de mer dont les îles de leur côte sont couvertes. Nous ne ferions pas mieux aujourd'hui pour fertiliser des terres, et le guano qu'ils employaient deux siècles avant l'arrivée des Espagnols ne fut employé en Europe que deux siècles après (*idem*, page 76).

Ces terrains, qu'ils avaient rendus fertiles, n'étaient pas labourés avec la charrue, qu'ils ne connaissaient pas, dit Robertson (page 77), et étaient travaillés à la bêche (en bois dur puisqu'ils n'avaient pas de fer), mais cet historien aurait dû se demander par qui la charrue aurait été tirée puisqu'il n'y avait ni chevaux ni bœufs dans le pays.

Les hommes, les femmes et même les enfants étaient donc appliqués à la bêche, et cette petite culture est encore la meilleure peut-être en Europe. Il est donc impossible d'avoir montré plus de génie agricole et de l'avoir mieux approprié au pays et aux moyens que leur avait départis la Providence. Bien avant l'arrivée des Espagnols, ils avaient des greniers d'abondance (*idem*, page 75).

Outre les canaux d'irrigation dont j'ai parlé, ils avaient d'autres grands canaux d'arrosage dont un, entre autres, traversait les montagnes du nord au sud et qui avait plus de 600 kilomètres de longueur (Warden, page 76).

Les Péruviens n'avaient que de petits bâtiments pour naviguer, mais ils y avaient appliqué la voile et savaient même virer de bord, tandis que tous les autres peuples de l'Amérique ne connaissaient encore que la rame.

Les Péruviens avaient peu de commerce et n'étaient nullement militaires, même pour défendre leur pays et leurs libertés.

En définitive, quel que soit le faible degré de civilisation où soit arrivée la nation péruvienne, sous certains points de vue, c'est par l'œuvre qu'il faut juger l'ouvrier, et la route de l'Inca dans les Cordillères est une œuvre immense, dont des voyageurs dignes de foi ont vu des restes plus ou moins bien conservés et qui attestent la grandeur du peuple qui l'a produite.

PYRAMIDES D'ÉGYPTE.

Les pyramides de Ghizé, en Égypte, sont au nombre de trois grandes et cinq petites (1). Les dimensions de ces dernières sont tellement au-dessous de celles des trois autres, qu'il ne peut en être question pour mon sujet.

Les bases et les arêtes des pyramides étant des lignes droites, on en tire la conséquence géométrique que les quatre faces sont des plans également inclinés pour chacunes d'elles, sur sa base qui est un carré horizontal, dont les côtés sont dirigés, à un tiers de degré près, vers les quatre points cardinaux (2).

Les trois grandes pyramides s'appellent des noms des rois qui les ont fait construire et dont les règnes se sont succédé : Chéops, Chephren frère de Chéops et Mycérinus fils de Chéops.

Ces monuments ont été décrits par Grobert, chef de bataillon d'artillerie faisant partie de l'expédition française en Égypte, entreprise par Napoléon Ier ; il s'exprime ainsi, page 109 de son mémoire : « j'ai dit sur ces extravagants édifices ce que j'ai vu. Aidé de quelques officiers « zélés, j'ai vérifié, à plusieurs reprises, des mesures reconnues d'ailleurs avec toute la pré- « cision que la nature du site et les circonstances m'ont procurée. Celles-ci ont pu m'être « favorables dans le temps où j'ai commandé à Ghizé. »

Grobert ayant à sa disposition des officiers, des soldats, accompagné d'une escorte armée, pouvait opérer pendant le temps suffisant pour prendre avec exactitude les mesures des pyramides, beaucoup mieux que les voyageurs qui n'avaient pas le personnel nécessaire pour se

---

(1) *Description des pyramides de Ghizé*, par J. Grobert. Paris, an IX, pages 18, 19 et 30. La planche 6 du grand atlas de l'expédition d'Égypte représente quatre petites pyramides de plus alignées près de la face sud de la grande pyramide.

(2) *Idem*, page 113.

défendre des attaques des Arabes du désert et se faire aider par ceux du pays; il avait donc toutes les facilités pour atteindre son but mieux que les voyageurs, comme il le dit lui-même, et il a pu recueillir sur les lieux toutes les observations et les renseignements qu'il a rassemblés dans l'ouvrage intéressant et curieux, comme le dit Humboldt, qu'il a publié en 1801, sous le titre de *Description des pyramides*, et d'où j'ai extrait tout ce qui va suivre sur ces monuments, ainsi que ce qu'en a dit Hérodote dans les écrits auxquels Grobert se reporte souvent.

Chéops, la plus grande des pyramides de Ghizé, a été construite en pierre de taille d'un calcaire à grain fin, d'un blanc grisâtre extrait sur les lieux mêmes du banc de rocher sur lequel a été posée la première assise de forme exactement carrée. On voit encore des excavations verticales d'où on a tiré évidemment la pierre formant le massif des pyramides. Cette pierre se scie très-aisément, elle se convertit en chaux assez bonne ; l'analyse l'a montrée composée de 0,95 de carbonate de chaux, 0,04 d'alumine et 0,01 d'oxyde de fer. L'eau de pluie la pénètre facilement, en écarte et en détache les grains par les variations successives de la température. Mais dans un pays où il ne pleut jamais, cette pierre a dû se conserver sans altération (1).

Toutes les assises sont posées en retraite les unes sur les autres, en forme de degrés, comme dit Hérodote. — Grobert a trouvé 205 assises visibles (2); il a mesuré très-exactement la largeur et la hauteur de chacune d'elles, et il a obtenu une hauteur totale de 436 pieds 2 pouces; puis ayant fait déblayer le sable qui recouvrait le bas de la pyramide, il a mis à découvert trois assises, dont la plus basse posait immédiatement sur le rocher, et ayant ensemble 11 pieds = $3^m,57$ de haut, lesquels ajoutés aux 436 pieds 2 pouces des 205 assises visibles donnaient 208 assises et une hauteur totale de 447 pieds = $145^m,24$ (3); mais elles n'atteignaient pas le sommet de la pyramide. La dernière de ces 208 assises était un carré de 18 pieds de côté (4).

Le côté du carré de l'assise posée sur le rocher, ou de la base de Chéops, a été trouvé par Grobert de 728 pieds = $236^m,48$.

Cette grande pyramide avait un revêtement en pierre calcaire d'un grain serré, très-fin, blanc et susceptible de poli comme le marbre ; on en trouve quelques morceaux dans le sable

---

(1) *Description des pyramides* de Grobert, page 98, an IV.

(2) *Idem*, page 48.

(3) *Idem*, page 57.

(4) *Idem*, pages 105 et 106.

à l'entour; ce revêtement existait encore en entier au milieu du règne d'Auguste (1). (*Fig.* 1 et 2.)

Toutes les pierres du massif en gradins de Chéops sont maçonnées ; le mortier est exactement semblable à celui d'Europe (2).

La pyramide de Chephren a 658 pieds = 213m,64 de base et 398 pieds = 129m,28 de hauteur (3). Elle était revêtue d'une enveloppe lisse et parallèle au talus de la face ; la portion qui reste (40 pieds au-dessous du sommet) l'indique (4). Quelques fragments arrachés de ce revêtement, ont fait voir qu'il était formé de gypse, d'un peu de sable et de quelques cailloux (5), ce n'était qu'un simple enduit, il ne pouvait être fait de pierres de taille comme aux deux autres pyramides, parce que les assises étaient très-irrégulières et n'étaient pas taillées à l'équerre.

Hérodote dit que la première assise de Chephren était en pierres d'Éthiopie de diverses couleurs (6).

Mycérinus avait une base de 280 pieds = 90m,95 et une hauteur de 162 pieds = 52m,62 (7). Le revêtement de cette pyramide était en granit rouge semblable à celui qu'on trouve dans l'île d'Éléphantine, vis-à-vis Assonan. De beaux morceaux de ce granit dispersés, abondamment entassés près de la base, et conservant l'apparence de deux parements taillés d'équerre, prouvent que Mycérinus a été construit par assises (8).

Ce revêtement existait encore selon l'historien arabe Abdel-Latif en 1193, époque où il fut enlevé et employé aux grandes constructions entreprises alors au Caire (9).

Grobert dit qu'anciennement, lorsque des Beys du Caire y bâtissaient des palais, ils s'abonnaient avec les Arabes habitant près des pyramides qui leur en envoyaient des pierres, ainsi que des constructions voisines, à dos de chameaux et par le canal Bahiré. Tous les Cheiks des villages voisins attestent ces faits, il n'est pas étonnant d'après cela que le revêtement de Chéops ait disparu. « ... Il est peu de seuils de portes à Ghizé, Gigéré et dans les villages « environnants qui ne soient en granit d'Éléphantine ou en jaspe d'Éthiopie (10). »

---

(1) *Description des pyramides*, de Grobert, page 109.
(2) *Idem*, page 91.
(3) *Idem*, page 94.
(4) *Idem*, page 28.
(5) *Idem*, page 95.
(6) Charton, *Voyageurs anciens*, t. I, Hérodote, page 44.
(7) Grobert, page 95.
(8) *Idem*, pages 30 et 97.
(9) *Éclaircissements sur le cercueil de Mycérinus*, par Charles Lenormant. Paris, 1839, pages 27 et 28, note H.
(10) Grobert, page 25.

La comparaison des mesures des pyramides données par Hérodote et par Grobert, donne lieu aux observations suivantes :

Grobert dit que les dimensions des bases d'Hérodote sont vraies (1), en conséquence, de son temps la longueur de la première assise de Chéops posée sur le rocher était, il y a quatre mille ans, telle que Grobert l'a trouvée, en enlevant le sable qui la recouvrait en 1801.

Cependant la base d'Hérodote est de 8 plethres, valant 756 pieds, elle est donc plus longue de 28 pieds que celle de Grobert; mais celui-ci fait observer que cette différence peut être attribuée aux irrégularités du sol, « et encore plus à l'augmentation que l'on doit supposer pour l'épais- « seur du revêtement au bas de l'arête, car tout atteste le goût des anciens Égyptiens pour « les blocs volumineux, et il serait peu étonnant qu'ils eussent plaqué les dernières assises par « des pierres de quatorze pieds (2). » (*Fig.* 2.)

Cette considération très-juste me fait adopter la base d'Hérodote, mais il n'en sera pas de même pour les hauteurs des trois pyramides de Ghizé.

Les données de Grobert permettent d'évaluer exactement la hauteur totale qu'avaient les assises en gradins de Chéops avant la disparition de celles du sommet.

En effet, il n'a pas donné la hauteur de la première assise séparément, mais on peut la supposer égale au tiers des trois premières assises qu'il a mesurées ensemble ; l'erreur sera insignifiante pour la recherche suivante :

Si l'on imagine les assises inscrites dans une pyramide à quatre faces planes et la pyramide coupée par un plan vertical passant par l'apothème, la moitié de cette section présentera un trapèze dans lequel on connaîtra selon les mesures de Grobert, l'axe, la base horizontale et la plate-forme de la 208e assise. Si l'on prolonge l'axe et l'apothème, ils se rencontreront en un point A (*Fig.* 5) dont la hauteur AB au-dessus de la 208e assise sera donnée au moyen des deux triangles semblables A B C et A D E; on la trouvera de 3[m],64. En l'ajoutant à 145[m],24 hauteur des 208 assises mesurées par Grobert, on aura 148[m],88 pour la hauteur totale de Chéops du temps d'Hérodote, abstraction faite du revêtement.

La hauteur du massif en gradins qui reste de Chéops donnée par Grobert est certaine, elle ne peut inspirer le moindre doute ; car il n'a pas opéré seul, il était aidé par des officiers, entre autres par MM. Berge et Verrier, alors capitaines d'artillerie, se contrôlant en quelque

---

(1) Grobert, page 107.
(2) *Idem*, page 105.

sorte, les uns par les autres « c'est à leurs soins réunis qu'il doit la table qu'il donne d « hauteurs individuelles des 208 assises existant alors (1). »

Quant à la hauteur que j'ajoute pour atteindre le sommet de la pyramide, c'est un résult géométrique du massif de gradins dont Grobert a mesuré les éléments, cette hauteu additionnelle a donc une certitude mathématique, et il ne peut rester à connaître que la hauteu due au revêtement, laquelle ne peut atténuer que bien faiblement la hauteur qu'Hérodot donne à la grande pyramide.

Cette hauteur est fausse ; Hérodote dit, en parlant de Chéops, « chacune de ses faces a hu plethres de largeur *sur autant de hauteur* (2), » et plus loin il dit en parlant de Chephren « cette pyramide n'approche pas en grandeur de Chéops, (*je les ai mesurées toutes les deux*) (3). La hauteur de Chéops serait donc de 236^{m},24. Or, Grobert l'a trouvée de 145^{m},24 pour les 208 assise existant en 1801, en y ajoutant 3^{m},64 pour arriver au sommet que la pyramide n'atteigna plus, on trouve pour la hauteur totale 148^{m},88, c'est-à-dire 87^{m},36 de moins que celle donné par Hérodote, et si celui-ci a entendu par *la hauteur d'une face* l'apothème ou l'arête de la pyra mide, on trouve par le calcul géométrique que la hauteur de la pyramide qui en résulte est plu grande que la hauteur vraie de 67 mètres dans le premier cas et de 28 mètres dans le second

Le sommet de la grande pyramide que j'ai déterminé géométriquement, abstraction fait du revêtement, est un point dont la position est incontestable, c'est à partir et au-dessous d ce point que doit être mesurée la hauteur de la pyramide. J'ai trouvé cette hauteur d 148^{m},88 au-dessus de sa base qui est sur le rocher Libyque, et celui-ci est à 35^{m},64, de basses eaux du Nil, suivant le nivellement de Grobert (4); le sommet de la pyramide, toujour abstraction faite du revêtement, n'aurait donc été élevé au-dessus de l'eau du canal qui, selo Hérodote, entoure la base, que de 183^{m},88, or cette base, d'après Hérodote, aurait été à 62 mètre au-dessous du niveau de l'eau du canal, c'est-à-dire de celles du Nil, ce qui est absurde. Ain les assertions d'Hérodote ne peuvent se concilier : aussi Grobert, qui a fait ces observation n'hésite pas à dire « il est incontestable qu'Hérodote, ni Strabon, ni Diodore n'ont pas mesur la hauteur (de Chéops) (5). »

---

(1) Grobert, page 48 et pour la table, pages 49, 50, 51, 52, 53, 54, 55.
(2) Charton, Hérodote, page 43.
(3) *Idem*, page 44.
(4) Grobert, pages 16 et 103.
(5) *Idem*, page 105.

Comment Hérodote aurait-il pu la mesurer, puisqu'il dit que Chéops avait un revêtement (1) qui devait cacher les assises, et empêchait qu'on en mesurât les hauteurs?

Serait-ce par la longueur de l'ombre de la pyramide, comme on dit que Thalès l'avait fait deux cents ans avant lui, ou par tout autre procédé géométrique dont il ne parle pas?

Ainsi de deux choses l'une, ou Hérodote avait mesuré la hauteur de Chéops, et il a commis une erreur monstreuse, ou il ne l'a pas mesurée, et il en a imposé. C'est un dilemme dont on ne peut sortir, et qui donne le droit de douter quelquefois de ce qu'il a écrit, et de ne pas lui accorder plus d'autorité qu'à tout autre historien tel que Diodore, Strabon, etc.

En résumé j'attribue à Chéops une hauteur originaire de 149m, 88,

A savoir : (Fig. 5),

Hauteur de 208 assises mesurées par Grobert en 1801	145 m,	24
Hauteur exacte des assises détruites par le temps et par les hommes, calculée géométriquement	3	64
Hauteur problématique due au revêtement présumé des assises	1	00
Total pareil	149 m,	88

Hérodote dit : *Chephren a en hauteur quarante pieds de moins que la grande pyramide* (2).

Si nous nous rappelons qu'il donne à la grande pyramide une hauteur égale à sa base qui est de 728 pieds = 236m,44 comme l'a trouvé Grobert, à peu près d'accord en ceci avec Hérodote, la hauteur de Chephren sera de 689 pieds, en supposant les 40 pieds grecs égaux à 39 pieds français. Grobert n'a trouvé à Chephren que 398 pieds, c'est-à-dire 291 pieds de moins; et si nous nous rappelons qu'Hérodote prétend aussi avoir mesuré Chephren (3), il s'est trompé pour cette pyramide aussi fortement que pour Chéops.

A l'égard de Mycérinus, Hérodote dit : «Ce roi laissa aussi une pyramide ; elle est carrée « et de pierres d'Ethiopie jusqu'à la moitié, mais beaucoup plus petite que celle de son père « (Chéops) AYANT 20 PIEDS DE MOINS, ET CHACUN DE SES COTÉS TROIS PLÈTHRES DE LARGE (4). » Ces 20 pieds, qui font 19 pieds 4 pouces français, se rapportent évidemment à la dimension en hauteur, ce qui donne à Mycérinus une hauteur de 709 pieds, plus grande de 20 pieds que celle de Chephren, pyramide qui, au contraire, paraît à la vue deux fois plus haute que Mycérinus.

(1) Charton déjà cité. — Hérodote, pages 43 et 44.
(2) Charton, Hérodote, page 44.
(3) *Idem*, page 44.
(4) *Idem*, page 47.

L'assertion d'Hérodote était si choquante que Grobert dit : « que ses commentateurs croient le texte altéré en cet endroit (1). » Il me semble à moi qu'il faut avouer qu'en ce qui regarde les hauteurs des pyramides de Ghizé, Hérodote s'est complétement fourvoyé.

La maçonnerie contenue dans Chéops se calcule donc ainsi :

1° Socle ou partie prismatique composée des trois premières assises inférieures dont la première est sur le rocher ayant une surface moyenne de 58,453m,00 et une hauteur ensemble, comme l'a trouvé Grobert, de 3m,57, ce qui donne un volume de..............................	208,677m.c.	21
2° Partie pyramidale, laquelle en comptant les angles rentrants remplis par le revêtement, donne une pyramide rectangulaire ayant pour base un carré de 234m,04 de côté (2) et une hauteur de 145m,28 dont le volume sera de..	2,652,557	18
3° Revêtement d'une épaisseur inconnue, soit......................	24,966	66
Total de la maçonnerie de Chéops....................	2,886,201m.c.	05
La maçonnerie contenue dans Chephren sera le volume d'une pyramide qui aura suivant Grobert une base carrée de 213m,74 de côté et une hauteur de 129m,28, ci...	1,968,709	78
La maçonnerie contenue dans Mycérinus sera suivant Grobert le volume d'une pyramide rectangulaire dont la base sera un carré de 90m,95 de côté et une hauteur de 52m,62, ci..................................	145,089	17
Total des maçonneries des trois grandes pyramides de Ghizé..........	5,000,000m.c.	00

A ce total il convient d'ajouter la maçonnerie de la chaussée construite dans la plaine pour transporter du Nil au pied de la grande pyramide les pierres venant d'Ethiopie, dont parle Hérodote et dont il donne les dimensions.

Cette chaussée, dit-il, « a cinq stades de long $=940^m$, dix orgies de large $=10\times 1^m,80=18^m$, et huit orgies $=14^m,40$ dans sa plus grande hauteur (3)», ce qui donne en nombre rond 122,000m.c., en admettant une hauteur moyenne de $\frac{14^m,40}{2}=7^m,20$.

(1) Grobert déjà cité, page 108.

(2) Largeur de la base de Grobert, déduction faite de celle des assises comprises dans le socle.

(3) Charton, Hérodote déjà cité, page 43.

Ce volume de maçonnerie est bien loin de justifier ce que dit Hérodote « que cette chaussée « est un ouvrage qui n'est guère moins considérable, à mon avis, que la pyramide même (1), » car celle-ci a un volume plus de vingt fois plus grand que celui de la chaussée, et l'on ne conçoit pas que la chaussée ait exigé dix années de travail, si Chéops n'en a demandé que vingt.

L'œuvre des trois grandes pyramides de Ghizé se traduit donc par un volume de maçonnerie d'environ 5,122,000 m. c., exécutés en vingt ou trente ans de travaux.

PYRAMIDES DE SAKHARATH.

Au sud des pyramides de Ghizé, on voit sur la rive gauche du Nil, les dix-sept pyramides de Sakharah. Grobert les a visitées (2). Il en a trouvé huit très-petites. Au nombre des neuf autres on en distingue trois grandes : la plus considérable est construite en grandes briques, elle a la forme d'une console carrée renversée, elle est très-dégradée ; il en a mesuré la base apparente, elle avait 800 pieds = $259^{m} \cdot 90$, il n'a pas mesuré sa hauteur, mais Norden dit qu'elle semble être un peu plus haute que la seconde (3). Celle-ci, selon Grobert, est de forme carrée ; si on mesure sa base apparente on la trouve tant soit peu moindre que la base de Chephren, et sa hauteur semble se rapprocher de la grande pyramide Chéops. On voit que ces deux pyramides de Sakharah ne le cèdent point en grandeur à celles de Ghizé, comme le dit Norden (4).

La plus méridionale des pyramides de Sakharah, la plus grande après les deux précédentes. est composée de quatre assises dont chacune a 22 pieds = $7^{m} \cdot 15$ de hauteur verticale (5).

On a publié, il y a quelque temps, des photographies des pyramides de Sakharah ou de

---

(1) Charton, Hérodote déjà cité, page 43.

(2) Grobert, pages 9 à 12.

(3) *Voyage d'Égypte et de Nubie*, de Norden, t. II, page 21. Paris, 1795.

(4) *Idem*, t. I, page 133.

(5) Grobert, page 12.

Dagjour, mais outre que ces monuments n'y sont pas bien distinctement désignés, la photographie donne une perspective dont on ne peut conclure les grandeurs réelles.

Quoique les dimensions des trois pyramides ci-dessus, mesurées par Grobert, soient incomplètes, on peut admettre que les neuf grandes pyramides de Sakharah, ont ensemble un volume de maçonnerie triple de celui de Chephren, c'est-à-dire d'environ six millions de mètres cubes, ce qui dépasse beaucoup celui des trois pyramides de Ghizé si admirées pour leur grandeur.

Les pyramides de Sakharah ont été réléguées au second rang parce qu'elles ne sont pas en pierres de taille, parce qu'elles ont été peu visitées et surtout parce qu'elles ont été mesurées pour la première fois, je crois, par Grobert. Mais Humboldt a dit que la grande pyramide de Sakharah qu'il attribue au roi Asichis, à laquelle Grobert a trouvé une base apparente de $259^{m}\cdot90$, était la plus grande de toutes les pyramides égyptiennes (1).

Si aux 6,000,000 de mètres cubes des pyramides de Sakharah on ajoute les 5,122,000 mètres cubes trouvés plus haut pour celles de Ghizé et de la Chaussée, on aura pour les 12 principales pyramides d'Égypte et de la chaussée faite pour amener des matériaux aux pyramides de Ghizé, un volume total de 11,122,000 mètres cubes.

---

(1) *Essai politique sur la nouvelle Espagne*, t. II, note de la page 153.

ENCEINTES DE BABYLONE.

Babylone est la ville de l'antiquité sur laquelle on a répandu le plus de fables, accompa gnées de quelques vérités. La curiosité toujours excitée dans les anciens temps par les voyages et les récits de ceux qui l'avaient visitée a été singulièrement augmentée depuis la découverte de Ninive et surtout depuis celle de l'interprétation très-moderne des inscriptions cunéiformes de Nabuchodonosor.

Quand on lit ce qui a été écrit dernièrement à ce sujet, quand on lit les voyages modernes de Sir Henri Rawlinson, de F. Fresnel, de J. Oppert, de G. Lejean, etc., on reste convaincu de l'existence de Babylone, quoique selon moi il n'y en a que quatre preuves incontestables, ce sont : 1° les immenses ruines de Babil ; 2° celles du grand palais de Nabuchodonosor ; 3° celles du Birs-Nimroud ; 4° enfin celles des quais de l'Euphrate. Celles-là sont matérielles, visibles, tangibles.

Quant aux autres constructions babyloniennes tels que les murs gigantesques entourant la ville, le réservoir creusé pour recevoir et assécher l'Euphrate, le tunnel sous ce fleuve, le pont, et surtout l'obélisque de Sémiramis, sans doute ces constructions ont eu une existence quelconque, mais pour nous faire une idée de leur grandeur, il ne nous reste que des écrits des voyageurs ou des inscriptions des rois de Babylone dont la véracité est plus que douteuse, comme l'art moderne peut facilement le démontrer.

Depuis des siècles on parle des murs de Babylone et de leur construction. Qui en a parlé? Sont-ce des architectes, des ingénieurs, des constructeurs? Non. Ce sont des voyageurs, des historiens, des archéologues, des savants, des lettrés. Savaient-ils ce que c'est que la pierre, la brique, le mortier, le marteau, la truelle? Point du tout, ils ne s'en étaient jamais occupés. Doit-on s'étonner qu'ils aient dit tant de choses étranges, inconcevables et presque absurdes?

A n'en juger que par le nom, on croit que les murs de Babylone étaient de la maçonnerie comme nous en connaissons; mais ceux qui sont allés sur les lieux ont vu par le peu qui en reste que presque tous étaient des ouvrages où la poix, le roseau et la brique étaient employés simultanément.

De sorte que les voyageurs anciens et modernes et les plus récents comme MM. Oppert, Rawlinson (1852), Lejean (1865), ont vu ce que nous ne pouvions pas même soupçonner ; ils ont vu que pour faire les maçonneries babyloniennes, il fallait savoir poser les briques, faire fondre l'asphalte et natter les roseaux.

Ces murs, c'est le nom qu'on leur donne, dérangent tous nos devis, toutes nos estimations, nos prévisions sur le temps qu'ils ont exigé pour être élevés, enfin toutes nos idées et nos calculs sur les constructions.

Nous sommes pour ainsi dire forcés de croire et d'accepter ce que nous en ont dit six à sept voyageurs ou historiens de l'antiquité, dont les écrits ont passé jusqu'à nous plus ou moins altérés par les copistes et les traducteurs qui ont compris, ou cru comprendre les textes.

Aujourd'hui des caractères connus depuis plus de deux siècles, sur les monuments de l'Orient, paraissent être compris et éclaircir des obscurités historiques.

Les inscriptions cunéiformes auraient produit ce miracle ; mais pour quelques points où la lumière s'est faite, surtout en chronologie, les récits des Hérodote, des Diodore, des Strabon, des Ctésias, etc., n'en restent pas moins étranges ou contraires au bon sens.

Quand on considère que les inscriptions cunéiformes sont presque toutes du fait des souverains de ce temps, qu'elles nous révèlent leur vanité excessive, leurs vanteries incroyables, ne pourrait-on pas dire que quand une inscription royale trouvée dans une ruine, est d'accord avec les récits des historiens sur des constructions gigantesques, l'accord, loin de confirmer, est une raison de plus pour ne pas croire. Ainsi quand Nabuchodonosor dit dans une inscription qu'il a renfermé Babylone dans une enceinte carrée de 22,680 mètres (120 stades) de côté (ce qu'a écrit aussi Hérodote) et qu'il dit en même temps qu'il a fait creuser des fossés, qu'il a fait couler de l'eau dans cette digue immense de terre, qu'à travers ces grandes eaux comparables aux abîmes de la mer, il a fait un conduit, on peut penser qu'il en est de la vaste étendue de Babylone, comme des grandes eaux des fossés comparables à la mer, et dès lors Hérodote n'a fait que répéter des exagérations.

Quand on veut rechercher ce que c'était que les constructions de Babylone, il faut s'armer de courage et se résigner à lire les traductions d'auteurs, où l'on trouve beaucoup de dissidences, de contradictions et même d'impossibilités que nous ont transmises Hérodote, Diodore, Quinte-Curce, Strabon et une douzaine d'autres historiens anciens.

Les doutes viennent d'être un peu éclaircis, comme je l'ai déjà dit, par les inscriptions cunéiformes connues depuis longtemps, mais qu'on n'est parvenu à déchiffrer plus ou moins bien que depuis à peine 40 ans ; quelques voyages en Babylonie ont fait connaître de nouvelles inscriptions qui ont ajouté aux probabilités de l'existence passée des grandes constructions babyloniennes et quant à celle des enceintes extérieures de cette immense cité, c'est encore une question tout à fait ignorée dans les détails.

Quoique je ne fasse pas un écrit d'archéologie, je dirai quelques mots des quatre monuments sur lesquels j'appuie la position probable des enceintes de la ville, ainsi que la nature des constructions babyloniennes. L'abrégé descriptif des monuments mettra le lecteur au courant du sujet, et quant aux détails de constructions, ils sont indispensables, on peut dire que c'est un sujet encore neuf et nécessaire à mes recherches.

Voici en abrégé ce que dit M. J. Oppert sur le Birs-Nimroud qu'il a exploré en 1852 avec MM. F. Fresnel et Thomas.

C'est un reste de maçonnerie s'élevant sur un monticule de 300 mètres de long et 150 mètres de large et environ 20 mètres au-dessus du terrain environnant ; dont une partie forme un soubassement qui est, selon F. Fresnel, (1) entièrement en briques crues. Sur le plateau qui le termine s'élève une tour irrégulière formée d'un cône en briques cuites, d'environ 12 mètres de haut, surmonté par un pan de mur plan d'un côté, ayant environ 12 mètres de hauteur sur 8 mètres de largeur et d'épaisseur.

Le plateau au pied du mur est jonché de briques de Nabuchodonosor ayant une inscription de trois lignes. On y voit aussi de gros blocs de briques tombés d'en haut, plusieurs portent des traces de vitrification occasionnée par le feu ; des éclats de couleur verdâtre ayant la cassure du verre sont répandus de tous côtés.

Le reste de la maçonnerie du Birs est confectionné avec beaucoup d'art ; les briques cuites, d'un rouge pâle, sont reliées par un *ciment en chaux blanche*, et quelquefois on aperçoit des traces de roseaux interposés (2).

Le voyageur G. Lejean qui a visité la ruine du Birs en 1866 a été vivement impressionné à la vue de ce monument et des traces évidentes de l'incendie qu'il a subi et qu'a sans doute allumé Xerxès ou autre dévastateur (3).

---

(1) *Journal asiatique*, 1853, t. II, page 11.
(2) *Expédition scientifique en Mésopotamie*, t. 1, pages 201 et suivantes.
(3) *Voyage autour du monde*, 1867, 2e semestre, page 71.

L'emploi d'un ciment de chaux blanche pour relier les briques du Birs, signalé par MM. Oppert et Thomas, est une rareté remarquable à Babylone, où le ciment avec l'asphalte chaud est le plus commun. Voici ce me semble, le secret de cette excentricité des constructeurs babyloniens.

Babylone est dans une grande plaine argileuse sans aucune pierre; pour faire le mortier ordinaire, il aurait fallu faire venir la pierre à chaux d'Arménie, et par l'Euphrate, car il n'y avait pas de routes, les souverains tenant à entraver le commerce de leurs sujets avec les peuples voisins (1); mais les embarcations de l'Euphrate, en osier recouvert avec des peaux bituminées, étant impropres au transport de la chaux, il fallait cuire les pierres à Babylone où la rareté du combustible la faisait revenir à un prix si élevé qu'on la réservait pour les édifices de luxe comme le temple de Bélus ou Birs-Nimroud. On remarquera que le roseau interposé entre les briques en diminuait la quantité et tendait à la même économie du combustible qu'exigeait la cuisson des briques.

Peu de temps après que M. Oppert eût quitté le Birs-Nimroud, sir Henry Rawlinson, consul anglais à Bagdad, vint à cette ruine, et y ayant fait faire des fouilles, il trouva dans les maçonneries les inscriptions de Nabuchodonosor sur deux barils aujourd'hui à Londres. Ces inscriptions traduites par M. Rawlinson et aussi par M. Oppert, démontrent l'identité des Birs avec le temple de Bélus ou la Tour-des-sept-Planètes, cité et décrit par Hérodote, Diodore et autres historiens.

La seconde preuve de l'existence des constructions babyloniennes a été donnée par la découverte qu'ont faite MM. F. Fresnel, J. Oppert et Thomas d'une partie de muraille dans l'emplacement du grand palais de Nabuchodonosor; écoutons M. Oppert (2) :

« Nous commençâmes nos fouilles au Kasr le 15 juillet (1852), c'est seulement sur le « côté ouest de la ruine qu'il existe *une construction de briques solidement faite*, UNIQUE POSITION « DU PALAIS DE NABUCHODONOSOR QUI RESTE DEBOUT. Elle a l'air d'un pylône, mais sans être couverte « par des constructions en travers. Deux piliers se trouvent encore au nord, et des pans de « murs plus étendue au midi. Elle excita à juste titre l'admiration de M. Thomas qui, en habile « artiste, rendit hommage à la solidité de cet ouvrage. En haut, il y a peu de bitume, quoiqu'il

(1) « Nitocris fit faire des travaux...... pour s'opposer aux irruptions des Mèdes...... afin que n'ayant point de « commerce avec les Assyriens, ils ne pussent prendre aucune connaissance de ses affaires. » (Charlon, Hérodote page 90.)

(2) *Expédition en Mésopotamie*, t. I, pages 142 et suivantes.

« en apparaisse des traces dans le ciment blanchâtre qui relie les belles briques de Nabucho-« donosor. Ces briques cuites jusqu'à la dernière dureté, sont toujours placées de manière que « la face qui porte la légende soit tournée en dessous ; peut-être cette position devait-elle « assurer la conservation de l'inscription. Dans la partie inférieure de cette ruine, au contraire, « les briques sont jointes par du bitume mêlé de roseaux, très-souvent disposés en nattes, « précisément comme le dit Hérodote, quand il parle de la construction des murs de Babylone. « *Ils se servirent au dehors du ciment de l'asphalte chaud, et mirent des nattes de roseaux toujours* « *par trente couches de briques.* Les briques de Babylone, celles du Kasr de Babel, du Birs-« Nimroud d'Ameran, quatre-vingt-dix-neuf sur cent, montrent une seule et même inscription « ainsi conçue :

« *Nabuchodonosor, roi de Babylone, restaurateur de la pyramide et de la tour, fils aîné de* « *Nabopallassar, roi de Babylone, moi.*

« Les briques sont toutes d'un pied carré babylonien, de 315 millimètres en moyenne, « équivalant à trois cinquièmes de la coudée, qui est égale à celle d'Égypte.

« La plupart des briques qu'on tire de la seule construction conservée du palais, portent « sept lignes, et beaucoup d'échantillons de cette légende sont en France. »

MM. Oppert et Thomas ont aussi trouvé sur l'emplacement du Kasr des dalles de pierre de 0 m. 52 de longueur portant cette inscription : « Grand palais de Nabuchodonosor, roi de « Babylone, fils de Nabopallassar, roi de Babylone, qui marchait dans le culte des dieux Nébo « et Merochdach, ses seigneurs, » ce qui démontre l'existence locale du grand palais au Kasr (1).

La troisième preuve des constructions de Babylone, c'est le reste d'un monument appelé Babil. Voici ce qu'en dit M. Oppert : « Qu'on se figure une masse énorme de 180 m. de longueur « et de 40 m. de hauteur, toute accumulée de main-d'homme dans un terrain parfaitement « plat... parvenu en haut on trouve un petit plateau accidenté..... Nous trouvâmes des pierres, « des briques, des verres. Le tumulus recèle lui-même beaucoup de briques de Nabuchodonosor, « la partie inférieure est construite de briques crues, en partie, et les revêtements seuls étaient « en briques cuites, cimentées avec du mortier, nous avons constaté, d'après Rich, la présence « du bitume mêlé de roseaux, quoique Sir Henry Rawlinson semble le nier. »

Cette ruine offre donc aux yeux une masse de briques de plus d'un million de mètres cubes; c'est le soubassement d'un vaste édifice. Est-ce ce que les voyageurs et écrivains grecs ont

---

(1) *Expédition en Mésopotamie*, t. I, page 149.

appelé la pyramide, le sépulcre de Bélus ou le Temple des assises de la terre? Rich et M. Oppert le croient, Rennel et Sir Henry Rawlinson sont d'opinion contraire. L'identité de la pyramide avec Babil offre donc quelque incertitude, malgré les inscriptions cunéiformes qui paraissent établir ce monument disparu à l'emplacement où est Babil. Mais il ne paraît pas possible de nier que cette ruine ne soit une maçonnerie babylonienne quelconque.

Quoique les murs existant encore au grand palais de Nabuchodonosor soient à peu près de même structure que celle qu'Hérodote a décrite pour les enceintes de Babylone les détails qu'il en donne n'en restent pas moins peu croyables; car comment supposer qu'il eût une épaisseur de trente couches de briques pour une de roseaux, c'est-à-dire de 2 m. 60 en briques pour $0^{m},07$ en roseaux, et il faut remarquer que les inscriptions de Nabuchodonosor parlent toujours de l'emploi des briques cuites avec l'asphalte chaud et qu'aucune ne fait mention du roseau.

Enfin, la quatrième preuve des constructions de l'antique Babylone est l'existence de ses quais.

En septembre 1853, F. Fresnel découvrit sur la rive gauche de l'Euphrate des restes du quai de Nabonid; M. J. Oppert les vérifia le 7 octobre suivant près du village de Kowaireseh (1). Une baisse extraordinaire du fleuve permettait de voir au-dessus de l'eau des constructions qui s'y enfonçaient et se prolongeaient jusqu'à une distance où on ne pouvait plus distinguer les briques. Celles-ci avaient le caractère de constructions hydrauliques, elles étaient dures, très-rouges, et complétement enduites de bitume. La direction du quai atteignait Babil. Les briques portent l'inscription suivante : « Nabonid, roi de Babylone, conservateur de la pyramide « et de la tour, fils du nommé Nabobalatiril, le seigneur puissant. »

D'autres traces du quai se voient en aval de celles-ci, on y trouve beaucoup de briques de Neriglissor (2). Une inscription publiée par le musée britannique atteste que ce roi s'occupa du quai du palais. La petite inscription des briques est ainsi conçue : « Neriglissor, roi de Babylone, « conservateur de la pyramide et de la tour, qui a exécuté des œuvres glorieuses. »

Selon Diodore, Sémiramis fit faire de chaque côté du « fleuve, un quai parfait, qui avait à « peu près la même largeur que les murs, et qui s'étendait sur 160 stades. » Hérodote dit « . . . . . tout le parcours du côté du fleuve est fortifié par un quai en briques cuites (3). »

---

(1) Oppert, t. I, page 184.
(2) *Idem*, *idem*, page 186.
(3) *Idem*, *idem*, page 185.

La longueur totale de ces murs aurait donc été de 320 stades = 61,160^{m}, leur largeur d'environ 9^{m} et leur hauteur de 10^{m} donnant un volume total de 5,504,400 mètres cubes.

Des aqueducs partant des quais pénétraient dans la ville et faisaient écouler les eaux d'inondation de l'Euphrate dans des cavernes souterraines; on n'a que des notions vagues de ces ouvrages.

Il sera bon de placer ici quelques détails sur les briques, le mortier et leur emploi dans les maçonneries babyloniennes. Il y a, dit le chef de notre expédition en Mésopotamie :

1° Les briques cuites de 1re qualité avec ou sans timbre royal, ni empreinte, de quelque nature qu'elles soient; elles ont toujours huit centimètres et demi d'épaisseur, et 33 à 34 centimètres en largeur et longueur; elles sont de diverses couleurs, ordinairement rougeâtres;

2° Les briques cuites de 2e qualité, c'est-à-dire demi-cuites, qui n'ont jamais d'inscriptions; elles ont quelquefois jusqu'à quinze centimètres d'épaisseur, il y en a de fort minces alternant avec les autres; elles sont toujours de couleur rouge;

3° Enfin les énormes briques crues qui sont séchées au soleil.

Avec les premières on emploie toujours du mortier de chaux ou de plâtre dans le corps et le faîte de l'édifice et le bitume dans les parties basses. Avec les secondes on emploie toujours comme mortier de l'argile pure rouge, et enfin avec les briques crues, on se sert comme mortier de boue ou argile de la brique mêlée avec de l'eau. Le mortier de chaux est excessivement dur, celui de plâtre dure très-longtemps et acquiert une forte consistance.

Dans ces maçonneries on interpose entre des couches de plusieurs briques un lit de roseaux bituminés et souvent nattés qui a de sept à huit centimètres d'épaisseur (1).

Au sujet des roseaux, je dirai que dans les inscriptions des rois babyloniens (celles dont j'ai lu les traductions) aucune ne fait mention, dans les constructions, des roseaux, quoique presque toutes les ruines en contiennent plus ou moins, comme on le voit au Kasr, au Birs, à Babil et la Tour d'Akerkouf (2).

Le système de construction des murs d'enceinte décrit par Hérodote a soulevé une grande question. Plusieurs voyageurs ayant exploré les environs de Babylone se sont demandé comment il se faisait que de cette énorme quantité de briques *cuites*, il ne restait aucun vestige, qu'il n'y avait plus traces des déblais des fossés, ni des remblais des massifs maçonnés, qu'on

---

(1) *Journal asiatique*, 1853, t. II. — *Lettre de F. Fresnel à M. Mohl*, pages 10 et suivantes.
(2) *Expédition en Mésopotamie*, t. I, pages 142, 169, 203 et 256.

ne trouvait plus que de très-minces débris éparpillés dans un terrain généralement plat, dans une terre rougeâtre et dans de la poussière.

F. Fresnel vivement préoccupé de cette question, à l'aspect des lieux, dit que quoiqu'il lui en coûte de donner un démenti à Hérodote, il lui est impossible d'ajouter foi à la construction des murs telle qu'il l'a décrite (1), et pour expliquer la disparition complète des murs il présente l'hypothèse suivante :

L'emploi des briques *cuites* dont parle Hérodote ne doit s'entendre que pour les parements du massif du mur, celui-ci était fait avec des briques crues, liées simplement avec l'argile pure en haut et avec le bitume en bas; lorsqu'il avait été question de ruiner les murs, les habitants des environs étaient accourus enlever les briques cuites pour construire ailleurs, alors le massif était tombé peu à peu des deux côtés dans les fossés qui ont été comblés, tout a été nivelé et réduit en poussière.

Cette explication admissible, ne s'applique pas entièrement à la brique cuite dont étaient revêtus les parois escarpées des fossés comme le disent Hérodote et toutes les inscriptions cunéiformes (2) parce que les revêtements des fossés, qui avaient été remplis d'eau, pourraient peut-être être mis à découvert par de nouvelles fouilles. Hormis cette exception l'explication de F. Fresnel me semble appuyée par l'observation suivante :

Il existe à environ 500 kilomètres au nord de Babylone entre le Tigre et l'Euphrate, une grande ruine d'une maçonnerie semblable à celle décrite par Hérodote pour les murs de Babylone.

Sur un tertre de sept mètres au-dessus de la plaine, s'élève la tour d'Akerkouf visitée par Olivier en 1801, par M. Oppert en 1853 et par M. G. Lejean vers 1866. Ce dernier voyageur ayant constaté l'exactitude de la description d'Olivier, la reproduit à peu près ainsi : c'est une tour carrée qu'on a attaquée sur deux faces. Elle est construite en briques crues qui ont 35 centimètres en carré et sept centimètres d'épaisseur. On compte huit à dix rangs de briques posées à plat les unes sur les autres, puis sur elles on a mis une couche de terre de dix centimètres d'épaisseur et ensuite un lit de roseaux de sept centimètres. Le tout se continue dans le même ordre jusqu'au sommet de la tour qui a aujourd'hui environ 24 mètres au-dessus du tertre (3).

---

(1) *Journal asiatique* déjà cité. — F. Fresnel, pages 7 et 73.

(2) « J'exécutai les creusements et les bords, je les bornai en bitume et en briques. » (*Inscriptions de la C^e des Indes*. Oppert, t. I, page 229.) « J'ai construit en paroi escarpée, en bitume et en briques, les fossés creusés. » (*Idem*, page 233.)

(3) *Voyage autour du monde*, 1867, 1er semestre, page 94.

M. Oppert dit que l'origine de ce monument est très-obscure. Sir Henry Rawlinson y a trouvé des briques antiques appartenant au roi *Kourigalzou* dont les inscriptions remontent, évidemment selon M. Oppert à, la première dynastie chaldéenne (1).

Si j'ai insisté sur la ruine d'Akerkouf, quoique très-éloignée de celles de Babylone, c'est qu'elle fait voir par la similitude du site et de sa construction avec celle des grands murs, décrits par Hérodote, que ceux-ci, quoique plus anciens, auraient dû nous laisser au moins quelques vestiges s'ils n'avaient aussi subi que les ravages du temps, mais ils ont été détruits par la main de l'homme.

M. Oppert dit en parlant de la 3me enceinte de la cité royale, celle de 60 stades. « Cette « enceinte était bâtie, *comme les autres murs babyloniens*, de terre revêtue d'un ouvrage en « briques cuites (2). » M. Oppert ne donne aucune preuve de ces faits, mais aurait pu appuyer cette opinion de l'inscription de Londres appartenant à Nabuchodonosor. Ce roi y entre dans les détails sur les trois murs d'enceinte extérieurs. M. Oppert n'a pas dissimulé la très-grande difficulté de comprendre cette inscription, précisément en ce qui regarde les murs ; cependant après une discussion raisonnée il dit : la traduction en français du passage relatif aux murs serait alors :

« J'ai bâti avec régularité six enceintes ! Pour la défense contre une attaque ennemie, « j'ai fait construire un mur en bitume et en briques, le mur de Babylone (que Bel protége), qui « ne sera pas renversé, long de 480 stades, l'enceinte des sanctuaires de Bel, le bouclier de « Babylone, posé sur l'intervalle des deux fossés. J'ai exécuté sur leur bord une construction « en briques, *le remblai étant en terre*. J'ai bâti, en la fortifiant, sur le haut du mur, une grande « tour pour qu'elle servît de demeure à ma royauté (3). »

Si tel est le sens de cette inscription de Nabuchodonosor, l'emploi de la terre dans une construction royale, conjointement avec le bitume et les briques, est aussi remarquable par l'aveu qu'en fait ce prince orgueilleux que par la conséquence qui en résulte de la facile destruction de cette œuvre gigantesque dont la conversion en poussière n'a plus rien d'étonnant.

Mais M. Oppert n'a pas été affirmatif, il n'a pas dit du passage en question la traduction française *est*, il emploie le futur conditionnel la traduction française *serait alors*. Ses idées sur la construction des murs ne sont donc pas arrêtées ; c'est pour ma recherche un point capital, car il s'agit de savoir si la légende de Nabuchodonosor désignant un remblai en terre avec revête-

(1) *Expédition de Mésopotamie*, t. I, page 256.
(2) *Idem*, page 295.
(3) *Idem*, t. I, pages 229 et 230, et t. II, page 323.

ments en briques est vraie, ou s'il faudrait admettre des murs tout en briques comme le dit Hérodote, ce qui lui attire le démenti de M. F. Fresnel.

Nous n'avons donc encore pour les enceintes et leur construction, que des probabilités; cependant quoique je partage l'opinion de F. Fresnel, quand il dit que la question des murs de Babylone est vidée et qu'ils ont disparu pour toujours (1); comme les enceintes, outre les murs, comprennent aussi les fossés, il n'est pas impossible que des fouilles futures poussées très-bas n'amènent la découverte des pieds des revêtements des fossés en briques cuites avec bitume.

S'il ne reste pas vestiges des murs de Babylone, sinon des tumulus que l'on croit résulter des fouilles faites de tout temps pour trouver les murs, les briques, les pierres et les richesses supposées enfouies, nous avons l'emplacement des trois grandes ruines de monuments que nous savons par toute espèce d'écrits, d'inscriptions des rois retrouvées, de traditions, avoir été compris dans ces enceintes, positions exemptes de toute exagération altérant la vérité; au moyen de ces repères géographiques, nous pouvons reproduire approximativement les lignes d'enceintes.

Ces jalons topographiques sont au nord : 1° Babil, ou la pyramide, ou le tombeau de Bélus; 2° au centre le Kasr ou palais de Nabuchodonosor et Ameran; 3° enfin au midi la tour des Sept-Planètes, ou le temple de Jupiter Bélus, autrement dit la Tour de Babel, appelée aujourd'hui le Birs-Nimroud.

D'énormes tumulus signalent ces points isolés et les ruines découvertes peuvent nous guider pour tracer sur la carte des environs de Babylone dressée géométriquement par M. J. Oppert les enceintes probables de cette cité.

La première recherche à faire est le périmètre.

Si on est unanimement d'accord sur la forme de l'enceinte extérieure, qui était celle d'un carré parfait, il y a au contraire, sur la longueur du côté, une grande dissidence entre les voyageurs, les écrivains, les historiens, les inscriptions royales découvertes et leurs commentateurs.

Les membres de l'expédition française en Mésopotamie, se sont rangés du côté de la fameuse inscription de la compagnie des Indes où Nabuchodonosor parle spécialement de l'étendue des murs et de la superficie de Babylone; disons tout de suite que sir Henry Rawlinson, tout en suivant la même légende, et M. J. Oppert sont, par leur interprétation de l'inscription, en désaccord d'un cinquième de la longueur totale c'est-à-dire de 18 kilomètres (2).

---

(1) *Journal asiatique*, 1853, t. II, 2e semestre, pages 2 et 3.

(2) Oppert, page 229, note 3, t. I.

M. Oppert veut tirer une certaine force de la longueur du côté du carré qu'il adopte de ce qu'elle est d'accord avec celle d'Hérodote. Mais cet accord n'a pas la valeur d'une preuve, car Hérodote, assez exact à indiquer la source de ses renseignements, ne dit rien de celui-ci, il ne dit pas s'il vient de ses propres mesures ou de celles des autres. N'oublions pas que Babylone avait la réputation de la ville la plus merveilleuse de son temps et que ceux qui la visitaient étaient disposés bien plus à l'admiration qu'à la juste appréciation des choses. Il n'est donc pas étonnant qu'Hérodote ait cru ce qu'on lui a dit et ait recueilli une tradition vulgaire ayant pour origine l'inscription où Nabuchodonosor avait exagéré son œuvre, comme c'était l'habitude des rois de Babylone.

D'un autre côté, pour que les énormes tumulus encore existants et qu'on peut regarder comme ayant servi de bases aux monuments extrêmes au nord et au sud, soient renfermés dans l'enceinte extérieure il n'est pas nécessaire de lui donner 120 stades (22,680^{m}) de côté en carré, chiffre adopté par M. J. Oppert, cette condition s'obtient avec un carré de 19,500^{m} de côté, comme on peut s'en assurer sur la carte, et c'est cette dimension que j'adopterais d'autant plus volontiers que d'autres historiens donnent une dimension moindre, entr'autres Strabon.

Ce qui augmente encore le vague sur les enceintes extérieures, c'est celle appelée enceinte de Borsippa par l'historien Bérose qui dit : « Nabuchodonosor contruisit trois enceintes autour « de la ville intérieure, trois en dehors de celles-ci » ce qui serait conforme à l'inscription de la compagnie des Indes où Nabuchodonosor dit : « je fis, en les alignant, six enceintes (1). »

Mais une autre hypothèse qui limite bien davantage l'étendue de Babylone est celle dans laquelle on admettrait que les trois grands monuments, presque en ligne droite, qui établissent la position de la ville, seraient placés non dans le sens d'un côté du carré des remparts, mais dans celui de la diagonale de ce carré; alors le côté du carré est réduit à peu près à 13,500^{m} et le périmètre de la dernière enceinte extérieure serait de 54,000^{m}, c'est le chiffre que j'adopte. Par cette hypothèse l'Euphrate n'est pas dans la diagonale, mais comme il est impossible qu'il y soit exactement, il est indifférent qu'il s'en écarte un peu plus ou un peu moins.

Parlons maintenant des hauteurs et épaisseurs des enceintes. Celles que nous a transmises l'histoire, ou plutôt la fable, sont telles qu'elles excitent chez tout constructeur d'abord l'étonnement puis l'incrédulité.

Un mur de 106^{m} de hauteur de la base au sommet, sans compter les additions architectoniques dont il est surchargé, voilà l'élévation déclarée par Hérodote et ses adhérents.

---

(1) Oppert, page 229.

Sur quel terrain sont posés ces murs? sur une masse d'argile, sans aucune partie rocheuse, et peut-être sur un sable fin après 10^{m} de profondeur.

Des fouilles faites à côté des murs pour en extraire la terre des briques dont ils sont maçonnés ont été descendues à une profondeur qu'on ignore, mais creusées, est-il dit, jusqu'à ce qu'on ait trouvé l'eau ; les parois de ces fossés sont escarpées (1), et c'est sur leurs bords qu'ont été élevés les murs. Le détail de la construction n'oublie rien de ce qui peut rendre l'œuvre plus extraordinaire et plus incroyable.

Qui de nos jours n'a vu des murs de soutènement fondés sur l'argile ou sur la tourbe s'enfoncer dans le terrain qui devait les porter en le refoulant à l'entour et faisant remonter le fond des fossés quelquefois plus haut que le terrain primitif. La largeur des murs n'empêche pas ces mouvements. J'ai vu un bastion dont presque tout le terre-plein était descendu en 24 heures avec les murs.

Il y a quelques années les remblais peu élevés aux abords du pont suspendu de Cubzac se sont enfoncés dans le terrain argileux du Bec-d'Ambès et ce terrain s'est exhaussé au-delà du pied des talus. L'histoire des travaux de terrassements est remplie de ces accidents.

Et on voudrait faire croire que des murs, aussi hauts que la croix qui surmonte le dôme des Invalides, ont été élevés sur l'argile près des bords des fossés creusés à leurs pieds? Qu'Hérodote ait fait des contes pareils aux hommes de son temps, nous n'avons pas à nous en préoccuper, il les jugeait comme il lui convenait ; mais que ses traducteurs et ses commentateurs modernes aient répété et soutenu ces contes, et même qu'il y en ait qui aient cherché récemment à démontrer la possibilité de la construction décrite pour les murs par Hérodote (2), c'est à ceux-là qu'on peut demander : pour qui nous prennent-ils?

Au surplus cette hauteur de 106^{m} d'Hérodote a paru si fabuleuse, que sur ce sujet il a été abandonné de ses adhérents ; M. J. Oppert lui-même a qualifié cette dimension d'exagérée et d'un trait de plume l'a réduite à moitié (3).

L'épaisseur des murs de Babylone était selon Hérodote de 50 coudées royales, environ 26 mètres (4); mais il y a ceci de particulier à leur égard, c'est que les conditions de stabilité sont toutes différentes de celles des murs de soutènement ordinaires ; pour ceux-ci, la maçonnerie est spécifiquement plus lourde que les terres qu'elle soutient, à Babylone, c'est le con-

---

(1) Oppert, page 233.

(2) *Traduction d'Hérodote*, de Miot. Paris, 1822, t. I, page 205 et note, page 208.

(3) J. Oppert, t. I, pages 224 et 225.

(4) Charton, Hérodote, page 83.

traire, les murs étant formés de lits de briques cuites avec quelques couches de roseaux nattés interposées, le tout cimenté avec le bitume chaud, il résulte de ce mélange une masse moitié plus légère que le terre-plein.

Quelle pouvait être la stabilité de ces murs? L'art des Vauban, des Cessart, des Rondelet ne peut répondre, car on ne peut calculer la résistance ni la cohésion de massifs d'une structure si bizarre, et l'expérience nous fait défaut. La chaleur et la sécheresse excessives de la contrée avaient sur le durcissement et l'adhérence de l'argile une influence dont nous ne pouvons nous rendre compte.

Remarquons en passant une particularité des constructions bitumineuses de Babylone, c'est qu'elles étaient combustibles.

En parlant de la 2e enceinte, Hérodote dit :

« Babylone fut ainsi entouré d'un mur extérieur, qui est la cuirasse de la ville. A l'intérieur « il y a un autre mur qui court tout autour, il n'est pas beaucoup moins fort, mais il est plus « étroit (1). »

Si nous supposons que l'intervalle entre ces deux murs était de 500m, nous aurons pour le pourtour extérieur du second mur 49.700m.

Un 3e mur intermédiaire entre les deux précédents, qui aurait été appelé enceinte de Borsippa, mais cette enceinte n'est désignée que dans peu d'auteurs ; elle laisse tant de vague sur sa position et même sur son existence, que je ne la ferai pas entrer dans mes calculs, je ne compte donc que deux grandes enceintes, *Ingur-Bel*, la plus intérieure et *Nivitti-Bel*, celle qui est en dedans, ainsi nommées dans l'inscription de Nabuchodonosor et dont j'adopte les dimensions ci-après :

	Côté du carré.	Pourtour.	Hauteur.	Epaisseur.
La plus grande enceinte	13.500mt.	54.000mt.	26mt.	26mt.
La seconde —	12.500	50.000	26	9,50.

Ce qui donnerait pour le volume de ces deux enceintes de Babylone 48.854.000m.c., à savoir :

La plus grande	$54.000^m \times 26^m \times 26^m =$	36.504.000m.c.
La seconde	$50.000^m \times 26^m \times 9^m,5 =$	12.350.000
	Total pareil.........	48.854.000m.c.

Je ne m'occupe pas des tours qui, quoique d'une hauteur démesurée, ne donneraient pas un

(1) *Expédition en Mésopotamie*, t. I, page 224.

grand volume à ajouter à celui des murs; outre que pour leur nombre, leur forme, leurs dimensions, leur saillie sur les murs, il y a dissidence entre tous les auteurs.

Il me reste à parler des trois enceintes dites Royales, la plus intérieure de 20 stades de développement, la 2e de 40 stades et la 3e de 60 stades, quoique leur développement total soit de 120 stades $=20,560^{m}$. Comme on n'a que des données différentes et même seulement sur quelques parties, je ne ferai pas le calcul problématique du volume de ces maçonneries.

Il reste à parler de quatre merveilles de Babylone décrites par les historiens. Ce sont :

1° Le grand réservoir pour assécher l'Euphrate;

2° Le pont sur ce fleuve;

3° Le tunnel passant sous l'Euphrate;

4° L'obélisque de Sémiramis.

Pour traiter de ces ouvrages, il faudrait être instruit du cours de l'Euphrate, de son régime de son débit, de la nature de son lit, etc., toutes choses que nous ne connaissons presque pas aujourd'hui et encore moins ce qu'elles étaient il y a 3.000 ans.

Strabon dit que l'Euphrate qui a un stade (soit 200^{m}.) de largeur à Babylone, coupe la ville par le milieu, qu'il grandit au printemps par la fonte des neiges de l'Arménie et déborde au commencement de l'été, qu'on le remonte de la mer à Babylone (1).

Quinte-Curce dit : « L'Euphrate traîne avec lui une vase profonde...., après l'avoir éloignée « on trouve une base qui peut à peine suffire pour des fondations (2). »

Hérodote dit : « L'Euphrate est si rapide qu'il n'est pas possible de le remonter (3). » On pourrait donc supposer à ce fleuve $1^{m},20$ de vitesse à l'étiage; d'un autre côté, Niebuhr dit qu'à Beer, environ 400.000 mètres en amont de Babylone, l'Euphrate peut avoir $3^{m},30$ de profondeur au milieu (4). On peut donc supposer que l'Euphrate avait $200^{m} \times \frac{3^{m},30}{2} = 330^{m.q.}$ de section et $1^{m},20 \times 330 = 396^{m.c.}$ de débit par seconde à l'étiage.

Le général Rawdon Chesney a publié son voyage d'exploration de l'Euphrate en 1835-1837 mais il ne s'est occupé que du bas Euphrate entre la mer et Hilla, et il dit qu'à $80,000^{m}$ en aval de cette ville le fleuve avait 106 mètres de largeur et $3^{m},60$ de profondeur en eau moyenne (5).

(1) *Traduction* de Laporte, Gosselin, etc., page 161.
(2) *Expédition en Mésopotamie*, t. I, page 192.
(3) Charton, Hérodote, page 95.
(4) *Histoire des voyages*, t. XXVI, page 181.
(5) *Cours de l'Euphrate.* Rawdon Chesney, *page* 90. Londres, 1868.

Ces données sont difficiles à concilier; comment concevoir surtout un fleuve si rapide dont le fond est si vaseux ?

Le réservoir ou lac creusé par Sémiramis ou Nitocris était carré, selon Diodore, et avait 420 stades de pourtour suivant Hérodote, le côté du carré était donc de 105 stades ou 19,740 mètres et la surface était de $(19{,}740^{m})^2 = 389{,}667{,}600^{mq}$. Diodore dit que sa profondeur était de 35 pieds, ce qu'on ne peut admettre, parce que tous les auteurs et les inscriptions disent qu'à une certaine profondeur on trouvait l'eau, dans la vallée de Babylone, ce qui est prouvé surtout par les puits de la ville ; on ne peut donc supposer qu'environ 7^{m} de profondeur au lac, ce qui lui donne une capacité de $389{,}667{,}600^{mq} \times 7^{m} = 2{,}727{,}673{,}200^{mc}$.

Le débit de l'Euphrate étant à l'étiage de 396^{mc} par seconde, on peut le supposer de 500^{mc} en eaux basses ordinaires et de $43{,}200{,}000^{mc}$ par jour; le réservoir aurait mis 63 jours à se remplir, en supposant que le fond eût été assez bas pour qu'étant plein, l'Euphrate pût encore y verser tout son produit, c'est-à-dire que le lac fût fort en aval du point où on détournait ses eaux en barrant son cours.

C'est ce que dit Hérodote « Bien loin au-dessus de Babylone et à une petite distance du « fleuve, Nitocris fit creuser un lac destiné à recevoir les eaux du fleuve quand il déborde. Il « avait 420 stades de tour ; quant à la profondeur, on le creusa jusqu'à ce qu'on trouvât « l'eau..... lorsque le lac eût été creusé, elle détourna les eaux dans ce lac. Pendant qu'il se « remplissait l'ancien lit du fleuve demeura à sec » (1).

En supposant $7^{m},00$ de hauteur aux murs du lac et une épaisseur moyenne de $2^{m},50$ le volume des murs sera de $4 \times 19{,}740 \times 7{,}00 \times 2{,}50 = 1{,}381{,}800$ mètres cubes, comme volume c'est de peu d'importance si la maçonnerie eût été en briques cuites et asphalte, comme le dit Diodore (2), mais Hérodote dit que les murs étaient en pierre, ce qui augmente beaucoup l'importance, puisqu'il fallait faire venir la pierre d'Arménie.

Le pont sur l'Euphrate n'aurait rien d'extraordinaire, si ce n'étaient les fondations fort peu expliquées par les historiens et qui cependant posées sur un terrain peu résistant et après avoir éloigné la vase profonde du lit, comme le dit Quinte-Curce, méritaient un détail pour les procédés employés.

A la rigueur on peut admettre l'établissement des fondations des quais pendant le détournement de l'Euphrate, bien qu'il est difficile que ses bords fussent à sec ; mais comme ils étaient

(1) Charton, Hérodote, pages 89, 90, 92.

(2) Traduction de Miot, t. I, pages 221-222.

de nature vaseuse, on se demande comment ils pouvaient résister puisque cette construction dans ce terrain est encore si scabreuse aujourd'hui, malgré les progrès de l'art.

Mais ce qui reste presque incompréhensible, c'est le tunnel sous l'Euphrate. Ce qu'en dit Diodore est rapporté ainsi par M. J. Oppert (1). « Ecoutons Diodore dont la description porte « au point de vue de l'architecture, ce cachet de la vérité, comme en général toutes celles qu'il « a laissées..... Elle (Sémiramis) détourna le fleuve dans le bassin, et fit un canal d'une rési- « dence à l'autre ; elle bâtit les voûtes de briques, les recouvrit de chaque côté de couches « d'asphalte, jusqu'à ce que l'épaisseur de cet enduit eût atteint quatre coudées. Les parois de « la tranchée avaient une largeur de vingt briques ; la hauteur jusqu'à la naissance de la « voûte, était de douze pieds ; leur largeur de quinze. Cette tranchée fut exécutée en sept jours ; « alors elle fit retourner le fleuve dans le lit antérieur, de sorte qu'il coulait au-dessus du « tunnel..... Le récit de Diodore réunit, en ce qui concerne le tunnel, tous les caractères de la « vraisemblance, et même jusqu'aux chiffres. » Il m'a été impossible de faire un croquis de cette description ; encore moins d'y ajuster des chiffres, elle est pour moi, inintelligible ; il est à peu près évident que Diodore ne comprenait rien à ce qu'il écrivait, c'est ce qui résulte surtout du temps qu'il attribue à faire le tunnel.

Puisque nous en sommes aux récits de Diodore parlons de ce qu'il a dit de l'obélisque de Sémiramis :

« Sémiramis fit extraire des carrières d'Arménie un bloc de pierre qui avait cent trente « pieds (40^{m},16) de longueur, sur une largeur et une épaisseur de vingt-cinq pieds (8^{m},00) ; elle « le fit traîner au bord de l'Euphrate par grande quantité de mulets et de bœufs, le fit placer sur « une embarcation, descendre le fleuve jusqu'à Babylone et le fit dresser dans la plus belle rue « de la ville (2). »

Ce monolithe avait un volume de 2634 mètres cubes et devait peser 6,000 tonnes, c'est-à-dire quatre fois plus que le rocher qui supporte la statue équestre de Pierre le Grand à Saint-Pétersbourg. Les personnes qui ont lu la relation des moyens mécaniques employés pour transporter ce rocher de la Finlande jusqu'à Saint-Pétersbourg, dans un terrain marécageux et par la Néva (3), apprécieront les difficultés qu'ont dû éprouver les Babyloniens à transporter l'obélisque de Sémiramis lequel, si Diodore a donné les dimensions vraies, était quatre fois plus

(1) *Expédition en Mésopotamie*, t. I, page 193.

(2) Traduction de Diodore, de Miot. Paris, 1834, t. I, pages 222 à 227.

(3) *Monument à élever à la mémoire de Pierre le Grand*. 1 volume in-folio, texte et planches. Paris, 1777, chez Nyon et chez Stoupe.

pesant que le rocher de Saint-Pétersbourg, une des plus lourdes masses qu'aient remuées les hommes.

En nous reportant au récit de Diodore, l'obélisque aurait été traîné des carrières au bord de l'Euphrate par une grande quantité de mulets et de bœufs; sur quoi l'a-t-on fait glisser? la pente du terrain était favorable, mais le frottement devait exiger un effort d'au moins le tiers du poids ou environ deux millions de kilogrammes, ce qui ne pouvait s'obtenir qu'avec 40,000 bêtes de somme. Il est plus probable qu'au lieu de traîner le monolithe on l'a culbuté successivement sur chaque face en le faisant approcher peu à peu de l'Euphrate.

Arrivé au bord du fleuve, comment l'a-t-on placé sur *une embarcation*? En admettant que celle-ci fût une barque plate, grande comme un de nos vaisseaux de cent canons, il lui aurait fallu au moins 5^{m} de profondeur d'eau au milieu du fleuve pour y flotter et y naviguer. Est-il présumable que l'Euphrate eût cette profondeur dans les gorges de l'Arménie, quand il n'en avait que 3^{m},30 à l'étiage à 400 kilomètres au-dessus de Babylone? L'embarcation ne pouvait donc descendre jusqu'à Babylone qu'en temps de grandes crues.

Mais que pouvait être cette immense *embarcation* qui a reçu l'obélisque? Il est bien difficile d'y croire, quand on sait que les Babyloniens ne savaient pas faire des bateaux pour remonter l'Euphrate, et qu'ils n'y naviguaient qu'à la descente soit avec de grossiers radeaux, soit avec des gondoles dont les membrures étaient en osiers et la coque en peaux bituminées, telles que nous les a décrites Hérodote et telles qu'on les retrouve encore aujourd'hui.

Bien qu'on doive reconnaître que les anciens et des peuples très-peu avancés dans les arts aient été très-habiles à remuer d'énormes fardeaux, comme on en voit les preuves aux temples de Balbec, de Thèbes, à Cuzco au Pérou et ailleurs, ce qu'on voit chez ces peuples est tellement au-dessous de l'obélisque de Sémiramis que sans nier qu'il ait existé à Babylone, on est forcé de supposer que ses dimensions ont été excessivement exagérées par Diodore.

Revenant à l'évaluation du volume des murs de Babylone en leur donnant les dimensions que j'ai adoptées je trouve que :

Le mur le plus extérieur contient	36,504,000 ^{mc}
Et le second	12,350,000
Volume total	48,854,000 ^{mc}

Cette énorme masse remuée et élevée par l'homme n'a de comparable que les muraille de la Chine qui la surpassent.

MURAILLES DE LA CHINE.

On dit la muraille de la Chine, mais on devrait dire les murailles de même qu'on dit les pyramides d'Égypte et non la pyramide, car les murailles de la Chine ne diffèrent entre elles que comme les pyramides, par les dimensions semblables et relatives, et ni les unes ni les autres ne se distinguent par des qualités remarquables plus ou moins dignes d'attention ou d'admiration, Je parlerai donc des murailles et non de la muraille.

Plusieurs princes de pays de l'intérieur de l'Asie compris après eux dans l'Empire chinois ayant fait des murailles pour garantir leurs Etats des invasions des Tartares, dans le même but, l'empereur de la Chine Chi-Houangti entreprit de joindre ces murailles entre elles, et leur réunion fut l'origine de la grande muraille (1), Le tiers des habitants de l'Empire, jusqu'à un certain âge, fut occupé à ce grand travail qui commença environ deux cent trente ans avant Jésus-Christ. La grande muraille s'étendait depuis l'extrémité du Chen-Si jusqu'à la mer orientale où Chi-Houangti fit enfoncer plusieurs vaisseaux chargés de fer pour assurer les fondements de la muraille (2), laquelle fut achevée en cinq ans suivant les uns et dix ans suivant d'autres.

Les travaux abandonnés et repris à diverses époques manquaient, par leur origine, d'unité de vue; ce qui explique pourquoi des parties sont restées en dehors de la grande muraille; d'ailleurs en arrière de celle-ci, et bien après son achèvement, on en a élevé d'autres pour plus de garantie, de sorte que plusieurs pans de muraille paraissent faire double emploi.

Les premiers européens qui aient bien vu la grande muraille de la Chine, sont les jésuites envoyés vers 1680 dans cet empire, comme missionnaires. La faveur dont ils jouissaient près

---

(1) *Voyage à Péking de Timkowski*, t. I, page 313. note de Klaproth. Paris, 1827, traduction de M. N...

(2) Du Halde, *Description de la Chine et de la Tartarie*, t. I, page 367. Paris, 1735, 3 vol. in-folio.

de l'empereur Kang-Hi, en 1683, a permis à l'un d'eux, Du Halde, de la parcourir en entier et de l'examiner avec quelques détails. Les missionnaires, Régis, Verbiest, Gerbillon, Pereira et d'autres, l'ont aussi visitée à la même époque.

Voici ce qu'en dit Du Halde dans sa description de la Chine :

« Depuis la limite au bord de la mer Orientale (golfe Lao-Tong) jusqu'au commencement « de la province de Chen-Si, la grande muraille est toute bâtie de pierres et de briques, avec des « tours carrées et fortes, assez près les unes des autres pour se défendre, et dans les passages « les plus importants, il y a des forteresses très-bien bâties..... Cette étendue peut être « d'environ deux cents lieues (soit 889,000 mètres), sans y comprendre plusieurs pans de « murailles, assez longues, qui font double et même triple enceinte..... Depuis le Chen-Si « jusqu'à l'extrémité occidentale, la muraille n'est plus qu'en terre, ou plutôt qu'une terrasse « que j'ai passée et repassée à cheval; mais tout le long, en dedans de la Chine, il y a de quatre « lieues en quatre lieues, des forteresses (1). »

Plus loin, Du Halde entre dans quelques détails sur les dimensions des maçonneries. Il dit que près de Kou-pé-Keou « la muraille s'étendait le long des montagnes à l'Orient et à l'Occi- « dent, faite de deux murs de 1 pied 1/2 d'épaisseur chacun, contenant la terre entre eux, bâtis « ainsi que les tours de grosses pierres, sur 6 à 7 pieds de hauteur, le reste étant en briques, « formant une hauteur totale de 18 à 20 et 25 pieds géométriques au-dessus du terrain ; les « tours ayant 40 pieds de hauteur et 12 à 15 pieds en carré; ces murs et ces tours sont bien « maçonnés avec un excellent mortier (2). »

Il est bien évident que par ces deux murs de 1 pied 1/2 d'épaisseur chacun, en briques, contenant la terre entre eux, et de 25 pieds de hauteur, Du Halde a parlé des parapets qui ont, en effet, 1 pied 1/2 d'épaisseur, et non des murs du bas qui n'auraient pu soutenir 20 pieds de terre.

« Dans quelques parties la muraille n'est pas droite, mais recourbée, de sorte qu'on peut « dire qu'au lieu d'un mur, il y en a trois qui entourent ces parties (3). »

Enfin depuis que la grande muraille a été achevée, on a encore beaucoup ajouté à la défense du pays par d'autres murailles bâties en arrière de la première. Du Halde rapporte que « des empereurs de la famille précédente voulant encore plus assurer le repos de la nation en

(1) *Description de la Chine et de la Tartarie*, par Du Halde, page 59, t. IV. Paris, 1733. 4 vol. in-folio.

(2) *Idem*, page 150.

(3) *Idem*, page 83.

« rendant la capitale imprenable, ont fait une seconde muraille, *aussi forte et aussi surpre-« nante que l'ancienne*; elle subsiste encore tout entière dans le Pe-Tcheli, à 76 lis de Péking : « on l'appelle *la grande muraille intérieure*; elle se joint à la grande muraille au nord de Péking, « près de Suen-Hou-Fou, continue le long de la partie occidentale du Pe-Tcheli et s'étend dans « le Chen-Si. Quand on voit le nombre des places et des forts bâtis entre ces deux murailles et « tout ce qui est du côté oriental de la muraille, on ne peut s'empêcher d'admirer, etc. (1) »

Cette grande muraille intérieure, comme on l'appelle, bâtie après la grande muraille du nord, se voit sur les cartes des provinces levées par le père Régis et autres missionnaires qui ont fait plusieurs fois tirer la corde par-dessus, pour mesurer les bases des triangles, et prendre avec l'instrument les points éloignés (2). La grande muraille intérieure partant de la grande muraille du nord, va au sud-est, puis elle se bifurque; une branche dirigée plus à l'est, traverse le Chen-Si, et s'arrête près du fleuve Jaune dont le cours, au nord et au sud, tient lieu de muraille intérieure contre les Mongols, l'autre va droit au sud dans le Pe-Tcheli.

En mesurant ces murailles au compas sur les cartes des provinces, je ne leur trouve pas moins de 180 lieues de développement, c'est-à-dire le tiers de la grande muraille; c'est donc encore un ouvrage prodigieux.

Du Halde était en Chine du temps de l'empereur Kang-Hi, de la dynastie des Ta-Tsin, il dit que la grande muraille intérieure était l'œuvre des empereurs de la famille précédente, c'est-à-dire de la dynastie des Mings. Or ceux-ci ayant régné de 1368 à 1621 (3) on peut supposer que cette construction a eu lieu vers 1500, cette partie considérable des murailles serait donc bien plus moderne qu'on ne le croit.

Quoique plusieurs Européens aient traversé la grande muraille, on ne l'a pas mieux connue que par la description des missionnaires, parce que le caractère ombrageux des gouvernements chinois y mettait obstacle, après le renvoi des jésuites.

Toutefois, le capitaine Parish, de l'artillerie royale anglaise, qui accompagnait l'ambassade de lord Macartney en 1793, ayant traversé la grande muraille pour aller de Péking au palais d'été en Tartarie, put prendre note de quelques dimensions plus détaillées que celles de Du Halde.

« Près de Kou-pé-Kéou, dit-il, il y avait dans une partie de la grande muraille quelques

(1) Du Halde, déjà cité, t. I, page 40.

(2) *Idem.* page 38.

(3) De Guignes, *Voyage à Péking*, t. I, préface, page XXXVII.

« brèches qui donnaient la facilité de l'escalader et de l'examiner (1). » C'est ainsi que le capitaine Parish put reconnaître les dimensions de la structure intérieure. Il profita heureusement de cette occasion, car lorsque l'ambassade revint à Péking, quelques jours après, des anglais ayant voulu examiner encore une fois cet antique boulevard, trouvèrent les brèches comblées (2), ce qui prouve le soin que les Chinois mettent à cacher leur pays aux étrangers.

Quant au bon état des maçonneries de cette antique construction, on voit qu'à la vérité, sur quelques points, il y a des brèches, « mais la muraille principale paraît, presque partout, « conservée entière, sans qu'on ait jamais eu besoin d'y toucher (3). »

C'est d'après les dimensions relevées par le capitaine Parish, publiées dans la relation de l'ambassade, que j'ai fait mes calculs du volume de cette immense maçonnerie, ne connaissant aucun document plus complet, même aujourd'hui où l'on pénètre moins difficilement en Chine.

Timkowski qui a conduit en 1821 la mission que le gouvernement russe envoie tous les dix ans de Kiakhta à Péking (4), parle ainsi de la muraille qu'il a traversée et sur laquelle il est monté :

« Malgré les siècles qui se sont écoulés loin de tomber en ruine..... elle ressemble à un « rempart en pierres élevé par les mains de la nature pour défendre les provinces septentrio- « nales de la Chine, le Pe-Tcheli, le Kan-Si et le Chen-Si, contre les invasions des Mongols. « Deux murs parallèles composent la grande muraille, dont le haut est crénelé ; l'intervalle est « rempli de terre et de gravier ; les fondations consistent en grandes pierres brutes, le reste des « murs est en briques ; sa hauteur est de vingt-six pieds. Des tours, dans lesquelles se trouvent « beaucoup de canons en fonte, s'élèvent à cent pas l'une de l'autre ; la grande tour tombe de « vétusté ; la porte en est très-endommagée, on ne songe plus à y faire des réparations (5). »

Depuis notre dernière ambassade en Chine, en 1858, on est certain que la grande muraille commence sur le bord de la mer, au golfe de Leao-Tong, mais on ne sait pas positivement où elle finit. Du Halde la termine au commencement du Kan-Sou et Huc au point le plus occidental de cette province (6). La différence est de cent lieues ; elle n'est pas importante, parce que dans

---

(1) *Voyage de Macartney, en Chine,* traduit par J. Castera. Paris, 5 vol. in-8°. 1804, t. III, page 225.
(2) Macartney, t. III, pages 333 et 337.
(3) *Abrégé de l'Histoire générale des voyages*, t. XXX, page 109.
(4) *Voyage à Péking de* Timkowski déjà cité, t. I, page 3.
(5) *Idem*, pages 313 et 314.
(6) *Voyage en Tartarie*, etc., Paris 1853, vol. II, page 28.

cette partie de la muraille, ces deux missionnaires s'accordent à dire qu'elle ne mérite plus ce nom, formant à peine un bourrelet de pierres et de terre de quelques mètres de hauteur.

Macartney (1), Timkowski (2, Malte-Brun dans sa géographie (3) et d'autres lui donnent 1500 milles anglais de longueur ou 2,414,000 mètres, environ 544 lieues de 25 au degré.

On trouve dans le premier volume de Du Halde les cartes géographiques des provinces de la Chine sur la même échelle, on y voit la muraille, ou pour mieux dire les murailles. En mesurant au compas celle qui suit la frontière du nord, on trouve une longueur de 550 lieues qui se rapportent assez aux 2,414,000 mètres ci-dessus. J'adopte cette longueur totale. Si on ajoute toutes les longueurs des murailles de ces cartes, on trouve un ensemble de huit cents lieues; ceci explique le chiffre exagéré des Chinois qui appellent la grande muraille *le grand mur de dix mille lis* (4), ce qui équivaut à 1000 lieues.

Ce qu'on appelle la grande muraille de la Chine consiste principalement en deux murs parallèles, crénelés et maçonnés, contenant dans leur intervalle un massif de terre et de gravier.

Elle traverse les vallées sur des ponts et s'élève sur les montagnes quelque hautes qu'elles soient. Le missionnaire Verbiest en cite une qui a mille pas géométriques de hauteur, et dans le voyage de Macartney, on en cite une autre de 5285 pieds (1611 mètres) d'élévation mesurée exactement (5). Cependant quelquefois cette muraille contourne les montagnes.

De cent pas en cent pas environ, il y a des tours carrées, il y en a de grandes, de moyennes et de petites.

DIMENSIONS DES MURS (6). (*Fig.* 6.)

Hauteur du socle en grosses pierres brutes	0m,30
— du mur en briques, jusqu'au-dessous du cordon	6, 10
— des parapets	1, 50
Hauteur totale	7m,90
Epaisseur du socle en pierres brutes	2m,10
— des murs en briques à la base	1, 50
— au sommet	0, 67
— des parapets en haut et en bas	0, 45

(1) *Abrégé de l'histoire générale des voyages*, t. XXX, page 108. Paris 1801.

(2) *Voyage à Péking*, déjà cité, t. I, page 314.

(3) *Géographie de Malte-Brun*. Paris, 1812, t. III, page 567.

(4) *Voyage en Tartarie*, etc., de Huc, déjà cité, t. II, page 27.

(5) Macartney, t. III, page 212.

(6) *Idem*, pages 222 et 227.

Épaisseur de la muraille entière, y compris le terre-plein de 3,^{m}30 au cordon.................................. 4, 70

— au bas de l'ouvrage en briques.......................... 6, 40

— de la base en pierres.................................. 7, 60

La hauteur et la saillie du cordon sont de.......................... 0, 16

DIMENSIONS D'UNE TOUR MOYENNE (1). (*Fig.* 6.)

Côté du carré du socle en pierres brutes.......................... 14, 00

— de la base en briques.............................. 12, 00

— au sommet sous le cordon.......................... 10, 00

Hauteur du socle en pierres brutes.............................. 1, 20

— des murs en briques sous le cordon.................... 8, 60

— des parapets...................................... 1, 50

— totale au-dessus du sol.............................. 11, 30

Le terre-plein de la muraille est recouvert d'une plate-forme d'une brique d'épaisseur. Les tours ont deux plate-formes en briques, l'une au niveau de celle de la muraille et l'autre, supérieure au niveau du cordon.

Les tours ont trois embrasures couvertes sur trois faces et deux embrasures dans les parapets des quatre faces. Les embrasures couvertes ont 0^{m},90 de largeur et de hauteur. Les embrasures des deux parapets des murs de la courtine sont à 2^{m},70 d'axe en axe; elles ont, comme celles des parapets des tours, 0^{m}60 de hauteur et de largeur. Entre les embrasures de la muraille il y a des meurtrières.

Les briques ont 0^{m},38 de longueur sur 0^{m},20 de largeur et 0^{m},093 d'épaisseur; celles des plate-formes ont la même épaisseur, mais sont carrées. Le mortier entre les différentes couches de briques a plus de 12 millimètres d'épaisseur; il est presque entièrement composé de chaux très-blanche. Ces briques sont d'une couleur bleue et elles ne se retirent pas quand elles sont mises au feu; comme on en a fait l'expérience, on peut en conclure qu'elles ont été cuites (2).

Il y a aussi des briques de plus fortes dimensions. Un commerçant français, qui a traversé deux fois la grande muraille à Kalgan en 1866, pour aller de Péking à Kiakhta et en revenir, s'est promené sur le sommet de la muraille et à son pied, il m'a dit avoir vu de petites briques dans les parapets, et dans les bas des murs de grosses briques ayant environ 0^{m},50 de longueur sur

(1) Macartney, t. III, pages 229 à 283.

(2) *Idem*, t. III, pages 232 à 235.

0^{m},15 de hauteur, engagées dans la maçonnerie, il n'a pu voir la troisième dimension. Elles avaient la couleur de l'ardoise.

Tous les angles saillants des portes, des fenêtres, des embrasures des tours, sont en granit gris très-dur (1).

Telles sont les dimensions de la grande muraille relevées sur les lieux par le capitaine Parish. Elles pourraient servir d'éléments pour calculer la quantité de maçonnerie qu'elle contient, si elles étaient les mêmes sur les 2,414,000 mètres (2) de sa longueur totale, depuis la mer jusqu'au Kan-Sou, mais il s'en faut de beaucoup qu'il en soit ainsi.

Huc fait observer qu'au point où la muraille a été traversée par l'ambassade anglaise en 1793 et mesurée par le capitaine Parish, il est possible que les dimensions qu'il a données soient exactes, mais il affirme qu'en traversant la muraille près de la ville de Tchong-Weï, bâtie sur les bords du fleuve Jaune, la muraille était « uniquement composée de pierres mobiles amon- « celées les unes sur les autres, qu'il l'a traversée sur plus de quinze points différents, que « plusieurs fois il a voyagé pendant des journées entières sans la perdre de vue, que souvent au « lieu de ces doubles murailles crénelées qui existent aux environs de Péking, il n'a rencontré « qu'une simple maçonnerie, quelquefois qu'un mur en terre, et même uniquement que quel- « ques cailloux amoncelés; que pour ce qui est des fondations qu'on dit être en grosses pierres « de taille cimentées avec mortier, nulle part il n'en a trouvé de vestige (3). »

Mais on voit sur la carte publiée par Huc dans son voyage au Thibet, qu'il a traversé la grande muraille dans la partie occidentale de la province du Kan-Si, puis encore plus à l'ouest, près du cours supérieur du fleuve Jaune, où il l'a suivie effectivement pendant plusieurs jours ; mais il ne l'a point vue dans la partie orientale, sur les deux cents lieues dont parle Du Halde qui a parcouru la muraille en entier. Ce que dit Huc n'infirme donc en rien ce que rapporte Du Halde de la partie la plus fortifiée, entre la mer et le commencement du Kan-Si.

Outre le témoignage de Timkowski, que j'ai cité, en voici deux autres plus récents qui viennent à l'appui de ce que dit Du Halde.

M. de Bourboulon, ministre de France en Chine (1859-1862), a franchi la grande muraille à Kalgan, point situé à 80 lieues à l'ouest de celui où l'a traversée le capitaine Parish, et voici ce qu'il en dit : « Ce prodigieux ouvrage se compose de doubles remparts crénelés, reliés entre « eux par des tours et des fortifications; ce sont des murs en pierres de taille et en moellons

---

(1) Macartney, t. III, pages 232 à 235.

(2) *Voyage au Thibet.* Paris 1853, t. II, page 20.

(3) *Idem*, pages 27 et 29.

« cimentés avec de la chaux, d'une hauteur de 5 mètres et d'une épaisseur de 3 mètres. La « porte de la muraille au nord de Kalgan est fortifiée et reliée à la muraille par un rempart de « 6 mètres d'épaisseur avec demi-lune du côté de la Mongolie. » Il ajoute : « D'après l'aveu des « Chinois la grande muraille va toujours en diminuant de hauteur et d'épaisseur, et dans le « Kan-Si, ce n'est plus qu'un simple mur, bientôt le mur se change en amas de pierres cimentées « avec de la boue, et à peine élevé d'un mètre (1). »

Cette diminution de la force de la grande muraille paraît être confirmée par ce qu'a écrit M. de Moges qui accompagnait en 1858 M. le baron Gros, ambassadeur de France, et qui a vu de loin la grande muraille à son prolongement jusqu'à la mer dans le golfe de Leao-Tong; voici ce qu'il en dit : « Vue (en mer) du côté chinois, la grande muraille ressemble à un immense « ouvrage en terre couronné de créneaux en briques, mais en fort mauvais état et manquant en « plusieurs endroits. Du côté de la Mant-Chourie, au contraire, elle est construite en briques « posant sur un soubassement de pierres. Elle est flanquée de tours carrées dans toute sa « longueur à distance d'environ deux traits de flèche. Elle descend dans la mer par deux jetées « parallèles, suivant une pente assez douce (2). »

Ainsi l'existence de la grande muraille est constatée : 1° au bord du golfe de Leao-Tong, en 1858, par notre dernière ambassade ; 2° à Kou-Pé-Keou, en 1793, par l'ambassade Macartney ; 3° à Kalgan, en 1821, par Timkowski, et en 1862 par M. de Bourboulon. Il est également constaté qu'elle a, à ces points, la même structure que lui a reconnue le capitaine Parish auprès de Kou-Pé-Keou, c'est-à-dire, sur 160 lieues de développement. Ce ne sera pas faire une grande concession que d'admettre qu'elle a encore la même construction au commencement du Kan-Si, à 200 lieues de son origine orientale, comme le dit Du Halde, et on peut avec toute confiance calculer le volume de maçonnerie de la muraille sur ces deux cents lieues, conformément aux mesures qu'a prises le capitaine Parish et que j'ai données aux pages 40 et 41.

Si on fait ce métrage sur un développement de 889,000 mètres en comptant 8631 tours moyennes et 8631 intervalles ou courtines entre les tours de 91 mètres chacun, faisant 8631 × 91 = 785,421 mètres courants de double mur on a, toutes maçonneries confondues :

Pour les tours 8631 × 755^{mc},19 = ...	6.518,045^{mc}
Pour les 785,421 mètres courants de double mur à 17^{mc},704 l'un...	13,905,596
Total pour les 200 lieues.....................	20,423,641^{mc}

(1) *Voyage de Shang-Haï à Morcon par Péking*, etc. — *Tour du monde*, 1864, 2e semestre, pages 315 et 316.

(2) *Tour du monde* 1860, 1er semestre, pages 151 et 152. Les Français ne purent examiner en détail la grande muraille, un corps de cavaliers tartares les ayant empêchés d'en approcher et les ayant forcés de se rembarquer.

C'est en nombre rond 102,000 mètres cubes par lieue.

Il reste à évaluer la maçonnerie des 344 lieues à l'ouest du Kan-Si. C'est un calcul qui ne peut être qu'approximatif, et si l'on admet, comme le disent les Chinois eux-mêmes, que la force de la muraille va toujours en diminuant et supposant que son relief s'anéantisse à l'extrémité occidentale, on ne devra compter, en moyenne, que 51,000 mètres cubes par lieue, de sorte que les 344 lieues ne contiendront que 17,544,000 mètres cubes et la totalité de la muraille 37,967,000 mètres cubes, soit 38,000,000 *de mètres cubes*; et si on y ajoute environ 30 millions de mètres cubes de terre et gravier apportés pour remplir l'intervalle entre les murs, on reconnaîtra que la muraille de la Chine a donné lieu à une des plus grandes quantités de matériaux qu'ait remués et transportés la force de l'homme pour une seule entreprise. Je dis la force de l'homme, car par l'emplacement de la muraille dans des lieux sauvages, sans chemins, et souvent inaccessibles, bien que les Chinois eussent le cheval, le bœuf, le chameau et même l'éléphant, ils ne pouvaient s'en servir.

Si l'on trouvait que mon évaluation des maçonneries de la partie occidentale de la muraille soit trop forte, quoique je reconnaisse qu'elle soit fort conjecturale, il faut faire attention que, dans les passages les plus importants, il y a des fortifications (1); que dans ces passages, la muraille était double selon Gerbillon (2) et même triple selon Du Halde (3); que plusieurs pans de murs considérables sont en dehors de la grande muraille (4); qu'à partir du Kan-Si, il y a de quatre lieues en quatre lieues une forteresse (5), c'est-à-dire environ soixante-quinze forteresses, tous ouvrages qu'on peut regarder comme des annexes de la grande muraille et dont je n'ai pas tenu compte dans mon évaluation, et alors on pensera que celle-ci n'est pas trop forte.

Cette évaluation est encore au-dessous de celle qu'a donnée Barrow, il y a soixante ans. Attaché en qualité d'astronome et de mécanicien à l'ambassade Macartney, il a traversé la muraille, et en publiant son voyage, il a dit : « Avec les matériaux contenus dans la muraille « on pourrait construire un mur de 2 pieds d'épaisseur sur 6 pieds de hauteur qui aurait fait « deux fois le tour du globe (6). »

Traduisons ces mots en mesures métriques :

Le mètre étant la dix-millionième partie du quart du méridien terrestre, deux tours du

(1) Du Halde déjà cité, t. IV, page 59.

(2) *Description générale de la Chine* de, J. T. Davis. Paris 1837, t. I, page 140.

(3) Du Halde déjà cité, t. IV, pages 83 et 159.

(4) *Idem.*

(5) *Idem.*

(6) Barrow, *Voyage en Chine*, traduction de J. Castera, t. II, pages 88 et 89. Paris 1805, 3 vol. in-8°.

globe équivalent à.. 80,000,000^{m},0000

Deux pieds anglais, épaisseur du mur, à.................. 0^{m},6096 (1)

Six pieds anglais, hauteur du mur, à..................... 1^{m},8288

Ces trois nombres multipliés ensemble donnent un produit de 89,186,918 mètres cubes.

Barrow s'est encore servi d'une autre comparaison : « Il y a en Angleterre et en Ecosse, « dit-il, 1800 mille maisons; en supposant que chacune contienne 2000 pieds cubes de maçon- « nerie, elles n'égaleraient pas la maçonnerie de la muraille, sans y comprendre les tours « saillantes, en admettant qu'elle a 1500 milles anglais de longueur et à peu près les mêmes « dimensions qu'à l'endroit où l'ambassade l'a traversée. » Un pied cube anglais étant environ égal à 0^{mc},027, on a pour la maçonnerie des 1800 milles maisons : 3,600,000,000 $\times$ 0,027 = 97,200,000 mètres cubes, nombre inférieur, dit Barrow, à la maçonnerie de la muraille.

Mais il fait observer que c'est en comptant la terre entre les murs comme maçonnerie, ce remblai étant de 20 mètres cubes par mètre courant de muraille, il faut déduire des résultats de Barrow 2,414,000 $\times$ 20 = 48,280,000 mètres cubes, ce qui les réduit d'une part à 40,906,918$^{m.c.}$ et de l'autre à 48.920,000$^{m.c.}$, nombres encore supérieurs à mon évaluation.

Et cependant on ne peut se dispenser d'y ajouter cette grande muraille intérieure de 180 lieues de développement, laquelle étant adjacente à la première et augmentant la défense, doit en être considérée comme une annexe. On a peu de détails sur sa construction, Gerbillon dit seulement que l'extrémité dirigée vers le sud, à partir de 39°,18′ a des tours en briques sur plus de 20 lieues (2).

Marco-Polo n'a pas plus parlé de cette muraille intérieure que de la grande muraille du nord. On a expliqué son silence sur celle-ci, en disant qu'il était venu en Chine par le sud, et en ce qui regarde la muraille intérieure, on doit remarquer qu'elle n'existait pas encore, quand il a quitté la Chine en 1295, puisqu'elle a été construite par les Mings dont l'avénement date de 1368 (3). Les jésuites qui ont levé les plans des provinces de la Chine n'ont pas inventé la grande muraille intérieure que nous voyons dans leurs cartes géographiques du Pe-Tcheli et du Kan-Si. Du Halde n'a pas menti, non plus que Gerbillon, quand ils disent qu'ils l'ont vue. Ne suffit-il pas d'ailleurs que Du Halde l'ait qualifiée d'*aussi forte* et d'*aussi surprenante* que l'ancienne pour les considérer comme égales en dimensions.

Enfin le même commerçant français dont j'ai parlé plus haut (page 41) m'a dit avoir vu cette

(1) *Annuaire du Bureau des longitudes.* 1864, page 102.

(2) Du Halde déjà cité, t. IV, page 359.

(3) De Guignes, déjà cité, t. I, préface, page XXXVII.

grande muraille intérieurequ'il a traversée en allant de Péking à Kalgan et en revenant; elle ne présente plus que quelques pans de murs tombant en ruine.

Dès lors à raison de 102,000 mètres cubes de maçonnerie par lieue de muraille, ce ne sera plus 38 millions, mais plus de 56 millions de mètres cubes, qui feront le volume des maçonneries des murailles de la Chine, et si on tient compte d'environ 40 millions de mètres cubes de terre rapportée pour faire le terre-plein du rempart, on reconnaîtra que les murailles de la Chine forment une entreprise colossale, la plus grande qui ait été faite sur la terre.

Ce qui a fait arriver Barrow à un excès d'appréciation pour la grande muraille du nord, c'est qu'il a supposé qu'elle se continuait sur toute la frontière septentrionale de la Chine telle qu'il l'avait vue à Kou-Pé-Keou, tandis qu'elle se réduit presque à rien dans le Kan-Si, comme le dit Huc. Mais celui-ci a erré dans le sens contraire; il a trop amoindri la muraille, en n'en jugeant que par la partie occidentale, et surtout en disant qu'elle ne contenait aucune grosse pierre dans le soubassement, ce qui est précisément la particularité sur laquelle tous les visiteurs de la muraille ont été d'accord.

A toutes les difficultés vaincues dans l'exécution de ce monument qui a excité l'admiration de ceux qui l'ont vu ou qui ont lu sa description, j'ajouterai deux observations.

La première, à la louange des Chinois, porte sur l'économie de matériaux obtenue par le peu d'épaisseur qu'ils ont donnée aux deux murs du terre-plein des remparts; leur épaisseur réduite est un peu moins du cinquième de la hauteur des terres qu'ils supportent. Or, même eu égard au parapet et au fruit qui augmente la stabilité, je ne crois pas qu'aucun officier du génie osât réduire à cette proportion un mur de rempart en briques, et les constructeurs chinois ont poussé la hardiesse jusqu'à la dernière limite de l'art; surtout si l'on fait attention qu'il s'agissait d'un ouvrage public de longue durée. Peut-être ont-ils formé le remblai de débris de pierres posées à la main et mêlés de terre, ce qui équivalait à une maçonnerie à pierres sèches; la main-d'œuvre eût été augmentée, mais ils l'employaient à profusion.

Ma seconde observation se rapporte à un inconvénient que les Chinois ne pouvaient éviter, qu'ils ont dû supporter et qui vient du climat. Celui des frontières septentrionales de la Chine a de rudes hivers, il gèle toujours à Péking pendant décembre, janvier et février, et souvent en novembre et en mars (1); le thermomètre y descend quelquefois à plus de 30 degrés centigrades au-dessous de zéro. Si la température s'abaisse jusque-là dans la plaine de Péking, qu'on juge du froid qui règne plus au nord dans les montagnes sur lesquelles la grande muraille s'élève.

---

(1) *Géographie de Malte-Brun*. Paris 1812, t. III, page 507.

On sait qu'une maçonnerie doit être terminée quelque temps avant les froids pour que les mortiers aient une certaine siccité avant de se trouver exposés à la gelée. On n'a donc pu maçonner la muraille pendant beaucoup plus de cinq mois de l'année, les sept autres ne pouvant être employés qu'au transport des matériaux et à la cuisson de la brique. Cette considération de la température est capitale ; pour les maçonneries elle a exigé le double du temps qui eût été nécessaire dans un autre pays.

RÉCAPITULATION.

En récapitulant les volumes des constructions que j'ai examinées, je trouve :

Pyramides mexicaines	8,000,000^{mc}
Route de l'Inca au Pérou	8,888,000
Pyramides d'Egypte	11,122,000
Enceintes de Babylone	48,854,000
Murailles de la Chine	56,000,000

RÉFLEXIONS.

Si nous jetons un coup d'œil en arrière sur les constructions que nous avons décrites, nous les trouvons conçues dans des idées différentes, mais souvent avec un égoïsme révoltant chez les souverains qui les ont ordonnées. Sans égard pour leurs sujets, c'est avec leurs biens, leur sang, leur vie, qu'ils ont élevé des monuments qui ne se rapportaient qu'à eux, et pour les rassurer sur leurs croyances stupides de leur avenir.

CONSTRUCTIONS ÉGYPTIENNES.

Les constructions égyptiennes, ou les pyramides, sont peut-être le type de l'inhumanité des princes. Chéops et Chephren pendant les 106 années de leur règne, dont les faits architectoniques sont mieux connus, ont ruiné l'Egypte et laissé leur mémoire en exécration ; ils ont été punis de leur vivant par la certitude que les pyramides qu'ils avaient destinées à conserver leur corps jusqu'au moment d'une renaissance fondée sur la métempsychose, ne leur serviraient pas de tombeaux,

Les historiens et les voyageurs ont parlé de ces monuments avec une admiration et des louanges qui justifient en quelque sorte le mépris qu'avaient les souverains des sujets qu'ils forçaient à y travailler ; au lieu de les flétrir comme l'humanité le commandait ils excitaient les princes à gouverner avec une tyrannie exécrable.

C'est un triste spectacle de voir les Grecs, Hérodote, par exemple, qui avaient dans leur patrie des exemples de gouvernements libéraux, ne trouver que des mots d'admiration pour les œuvres de tyrans tels que Chéops et Chephren, au lieu de les vouer à l'indignation des peuples.

CONSTRUCTIONS CHINOISES.

Les empereurs de la Chine ont montré un esprit bien différent dans leurs fameuses murailles. Ils ont forcé, il est vrai, leurs sujets pendant de longues années à des travaux pénibles, excessifs même, mais pour juger leur conduite, il faut examiner la position géographique des Chinois et leur caractère. Ils étaient peu guerriers, de mœurs assez douces, très-laborieux, s'occupant beaucoup d'agriculture, de manufacture et de commerce intérieur qui leur était nécessaire pour échanger les matières premières dont ils avaient réciproquement besoin. Ils ne demandaient qu'à être tranquilles pour jouir du bien-être que leur procurait leur travail.

Malheureusement ils étaient placés à côté d'un autre peuple fainéant, guerrier, turbulent, cherchant toujours à s'emparer de vive force des biens qu'il trouvait sous sa main chez les autres.

Les empereurs de la Chine n'avaient pas d'autres moyens pour rendre leurs sujets heureux selon leur caractère, et les garantir des dévastations incessantes des Tartares toujours à cheval, que d'arrêter leurs courses par des murailles, moyen facile à obtenir du génie laborieux des Chinois, qui manquaient totalement de celui de la guerre et peut-être du courage nécessaire. Si les souverains chinois ont cherché la gloire dans ces constructions grandioses on ne peut les en blâmer, il faut même les en louer, puisqu'ils ont fait éviter aux peuples les horreurs de la guerre pendant plus de 1200 ans.

Si en définitive les murailles n'ont point empêché les Chinois d'être conquis et asservis par les Tartares, c'est que les empereurs de la Chine, toujours attaqués au nord par les Tartares, avaient beaucoup diminué la force de la muraille à son extrémité occidentale ; mais Gengis-Khan ayant rassemblé une grande armée de ce côté força plusieurs portes de la muraille et entra en Chine par l'ouest à mille kilomètres de Péking (1), puis marchant à l'est en laissant la muraille à gauche il pénétra jusqu'à la capitale dont il finit par s'emparer.

(1) *Histoire de Gengis-Kan*, par Gaubil. Paris 1737, pages 12 et suivantes.

CONSTRUCTIONS MEXICAINES.

La pyramide de Cholula et les autres Teocallis étaient bien l'œuvre des empereurs, mais se liaient tellement avec les pratiques de leur religion qu'on peut les considérer comme conçues uniquement dans un esprit théocratique et tout à fait étranger à des idées de gloire et d'utilité nationales. On doit cependant regretter que ces travaux eussent pour but d'exposer à la vue d'une plus grande multitude des sacrifices cruels et sanguinaires et de fortifier dans le peuple des sentiments aussi inhumains.

CONSTRUCTIONS PÉRUVIENNES.

On est heureux de reposer son imagination sur les grands travaux des Péruviens. Peuples et souverains concourent ici au même but qui est le bonheur commun, et les routes de l'Inca sont les effets de la reconnaissance libre des Péruviens pour le bon et paternel gouvernement de leur prince ; les immenses travaux qu'ils ont exécutés de leur propre mouvement font l'éloge commun de la nation et du prince, exemple bien rare depuis le commencement de la civilisation !

CONSTRUCTIONS BABYLONIENNES.

Que dire des immenses murs de Babylone, en admettant leurs dimensions qui sont loin d'avoir une authenticité suffisante?

Ces constructions cachées sous le voile de l'obéissance passive aux ordres des dieux, par les rois qui les ont fait exécuter, n'en étaient pas moins de leur part une œuvre fastueuse, d'une vanité se révélant par leur nom écrit sur le moindre des matériaux, d'une très-faible solidité et d'une médiocre utilité publique. Leur but réel était de frapper l'imagination par les dimensions, d'en faire reporter la gloire à eux seuls sans s'inquiéter du travail que les monuments qu'ils élevaient exigeraient de leurs sujets et des peuples qu'ils avaient vaincus, et qu'ils réduisaient à l'esclavage pour les faire travailler à leurs constructions. Tel est l'esprit qu'on découvre dans les inscriptions des rois babyloniens qu'on est parvenu à déchiffrer.

En résumé, parmi toutes ces grandes constructions, celles qui semblent les plus dignes d'admiration par les dimensions et l'utilité publique sont les murailles de la Chine.

Paris, 11 *Décembre* 1869.

Ch. Jo. MINARD.

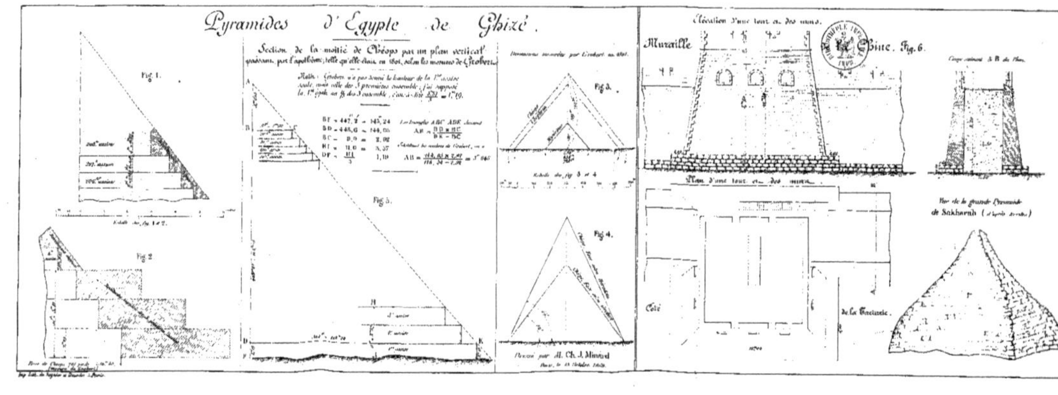

Pyramides d'Egypte de Ghizé.
Fig. 1.
Fig. 2.
Section de la moitié de Chéops par un plan vertical passant par l'apothème, telle qu'elle était en 1801, selon les mesures de Grobert.
Fig. 5.
Fig. 3.
Fig. 4.
Echelle des fig. 3 et 4
Tracé par M. Ch. J. Minard
Élévation d'une tour et des murs.
Muraille
Chine. Fig. 6.
Plan d'une tour et des murs.
Côté
de la Tartarie.
Vue de la grande Pyramide
de Sakharah

www.ingramcontent.com/pod-product-compliance
Ingram Content Group UK Ltd.
Pitfield, Milton Keynes, MK11 3LW, UK
UKHW020426230726
13925UKWH00004B/1624